GEGENWARTSFRAGEN 73

Schleswig-Holsteinische
Politikerinnen
der Nachkriegszeit

Lebensläufe

SH-V-83

GEGENWARTSFRAGEN 73

Schleswig-Holsteinische Politikerinnen der Nachkriegszeit

Lebensläufe

Geographisches Institut
der Universität Kiel

Inv.-Nr. 95/A35795

Geographisches Institut
der Universität Kiel
ausgesonderte Dublette

Herausgeber:
Landeszentrale für Politische Bildung Schleswig-Holstein,
Düvelsbeker Weg 12, 24105 Kiel
Telefon: 0431-30774
Telefax: 0431-334093
Redaktion: Dr. Rüdiger Wenzel
Titelbild: Erna Kilkowski und Anne Brodersen
Druck: Schmidt & Klaunig, Kiel, 1994
Gedruckt auf chlorfrei hergestelltem Papier
ISBN 3-88312-048-0
ISSN 0433-2407

INHALT

Seite

Vorwort
Karl-Heinz Harbeck 9

Sabine Jebens-Ibs / Maria Zachow-Ortmann
I. Landtagsabgeordnete

Ilse Brandes (Lübeck). 13

Anne Brodersen (Kiel) 15

Frieda Hackhe-Döbel (Kiel). 17

Elisabeth Jensen (Schleswig) 21

Erna Kilkowski (Hemmingstedt) 23

Dr. Luise Klinsmann (Lübeck). 25

Anni Krahnstöver (Kiel). 28

Dr. Elly Linden (Lübeck) 29

Emmy Lüthje (Kiel) 31

Dora Möller (Lübeck). 36

Agnes Nielsen (Kiel) 37

Dr. Lena Ohnesorge (Lübeck) 38

Marie Schmelzkopf (Neumünster). 43

Bertha Schulze (Kiel) 45

Ingeborg Sommer (Lübeck) 46

Margarete Weiß (Neumünster). 49

Charlotte Werner (Raisdorf b. Kiel). 53

Berta Wirthel (Lübeck). 55

Maria Zachow-Ortmann
II. Frauen des öffentlichen Lebens

Emma Faupel (Rendsburg) 59

Gerda Grehm (Kiel) 62

Dr. Emmi Hannöver (Niebüll) 65

5

	Seite
Waltraut Klinkow (Kiel)	69
Frida Niendorf (Lübeck)	72
Doris Pott (Kiel)	73

Sabine Jebens-Ibs

III. Kommunalpolitikerinnen der kreisfreien Städte

Marianne Beier (Flensburg)	77
Frieda Bendfeldt (Kiel)	78
Gertrud Brauer (Kiel)	79
Dorothea Brede (Kiel)	80
Heinke Brodersen (Flensburg)	81
Dorothea Damm (Kiel)	82
Juliane (Julchen) Decker (Flensburg)	83
Dorothea (Dolly) Franke (Kiel)	84
Hildegard Franzius (Kiel)	85
Lisa Hansen (Kiel)	86
Ida Hinz (Kiel)	88
Thomasine (Toni) Jensen (Kiel)	90
Hedwig Jung (Kiel)	93
Magda Jung (Kiel)	93
Maria Klann (Lübeck)	94
Greta Korn (Flensburg)	96
Irmgard Kremer (Kiel)	97
Käthe Kühl (Kiel)	98
Marie Lorenz (Flensburg)	99
Lissie Neumann (Flensburg)	100
Dr. Hilde Portofée (Kiel)	102
Ruth Roestel (Kiel)	103
Lena Schröder (Kiel)	103
Charlotte (Lotte) Schubert (Flensburg)	104
Anni Stolze (Kiel)	106

	Seite
Dr. Hilde Portofée (Kiel)	102
Ruth Roestel (Kiel)	103
Lena Schröder (Kiel)	103
Charlotte (Lotte) Schubert (Flensburg)	104
Anni Stolze (Kiel)	106
Gertrud Uldall (Flensburg)	106
Berta Ungermann (Kiel)	107
Gertrud Völcker (Kiel)	108
Elisabeth Vormeyer (Kiel)	109
Rosa Wallbaum (Kiel)	112

Anhang

Übersichten über schleswig-holsteinische Politikerinnen 1945-1966 zusammengestellt von Sabine Jebens-Ibs	115
Quellen- und Literaturangaben zu den einzelnen Biographien	130
Literatur	139
Abkürzungsverzeichnis	141
Verzeichnis der Autorinnen	143

Vorwort

Die vorliegende Veröffentlichung ist eine Ergänzung zu dem 1993 von der Landeszentrale für Politische Bildung Schleswig-Holstein in der Reihe Gegenwartsfragen herausgegebenen Band 70 *„Alle Mann an Deck!" „Und die Frauen in die Kombüse?" Frauen in der schleswig-holsteinischen Politik 1945-1958.* Das Buch war das Ergebnis eines vom September 1990 bis zum Juli 1993 am Institut für Soziologie an der Christian-Albrechts-Universität durchgeführten Projektes, mit dem im Auftrag des Schleswig-Holsteinischen Landtages das Wirken der schleswig-holsteinischen Nachkriegspolitikerinnen gewürdigt werden sollte. Während die erste Veröffentlichung auf eine Analyse der Rahmenbedingungen ihres politischen Handelns zielte, soll diese Sammlung von Biographien einerseits das individuelle Wirken der Frauen würdigen, andererseits aber auch die Gemeinsamkeiten hervorheben, die sich aus weiblichen Lebenszusammenhängen ergeben.

Eine Sammlung weiblicher Biographien ist in Schleswig-Holstein bisher nur auf kommunaler Ebene 1992 in Flensburg unter dem Titel *„vrowen, kvinder, Frauen"* erschienen; ebenfalls in Flensburg wird das Städtische Museum in Kürze ein Lexikon schleswig-holsteinischer Künstlerinnen herausgeben. Alle anderen biographischen Werke werden nur hin und wieder mit Lebensläufen von Frauen „geschmückt", die von Männern dessen für würdig befunden wurden.

Geschuftet bis zum Umfallen und es dennoch nie ganz bis oben geschafft – so läßt sich der Lebensweg vieler Frauen bis in die jüngste Zeit in aller Kürze charakterisieren. Was bei den männlichen Biographien und Biographen zumeist im Dunkel bleibt, weil es so selbstverständlich hingenommen wird, daß es nie und nirgendwo Erwähnung findet, haben die Autorinnen dieses Bandes versucht, in angemessener Weise zu berücksichtigen: die Organisation des alltäglichen Lebens.

Männer, denen Biographien gewidmet werden, waschen in der Regel nicht allein ihre Wäsche und die ihrer Frauen. Sie bereiten nicht täglich mehrere Mahlzeiten zu für eine Familie, putzen keine Fenster und Treppenhäuser, schon deswegen nicht, weil sie irgendwann aus einer Mietwohnung in ein eigenes Haus ziehen. Sie lassen putzen, waschen, kochen, von der Ehefrau, der Tochter, der Schwester, einer Haushälterin … Frauen tun all diese Dinge allein, jedenfalls bis sie es nach ganz oben geschafft haben, was selten genug vorkommt. Vor allem liegen die Erziehung und die Fürsorge für Kinder oder auch der Verzicht auf Kinder vornehmlich in ihrer Verantwortung.

Die Autorinnen legen Wert darauf, daß das Engagement, der Erfolg und der Mißerfolg von Frauen in Politik und Öffentlichkeit unter Berücksichtigung der gesellschaftlichen Festlegung auf die Geschlechterrollen gesehen wird, die in den 50er Jahren mehr noch als heute Naturgesetzen zu gleichen schien. Wo immer die Quellenlage es zuließ, beschränkt sich die Darstellung der Lebenswege daher nicht auf die Aufzählung von Taten, Ehrungen, Medaillen, sondern versucht ein Lebensbild zu entwerfen, das den spezifischen Anforderungen, denen Frauen bis heute genügen sollen, Rechnung trägt.

Die Auswahl der Biographien wurde beeinflußt durch die Quellenlage, aber auch durch einen engen zeitlichen und finanziellen Rahmen, weil die Arbeit nach der Beendigung des oben genannten Forschungsprojektes im Juli 1991 nebenberuflich und unentgeltlich durchgeführt werden mußte.

Alle seit der unmittelbaren Nachkriegszeit im schleswig-holsteinischen Landtag vertretenen Frauen werden gewürdigt, wenn auch ihre Biographien aufgrund der jeweiligen Materiallage in der Länge und in der inhaltlichen Aussagekraft sehr unterschiedlich ausfallen. Daneben steht eine kleine Auswahl von Frauen aus der Vielzahl derer, die im öffentlichen Leben dieser Jahre hervorgetreten sind und sich mit großem Engagement am Aufbau dieses Landes beteiligt haben. Bei den Kommunalpolitikerinnen liegt der Schwerpunkt deutlich bei den Städten Flensburg und Kiel, weil hier die Stadtarchive biographische Quellen sammeln, auf denen die weitere Forschungsarbeit aufgebaut werden konnte.

Damit finden leider alle die Frauen, die auf kommunaler Ebene in Lübeck und Neumünster, aber auch in den kleine-

ren Gemeinden und in den Kreistagen des Landes gewirkt haben, keine Erwähnung, wenngleich auch sie, nicht minder belastet durch den Spagat zwischen „Privatleben" und Öffentlichkeit, zu der Sisyphosarbeit beigetragen haben, Frauen angemessen an der politischen Macht zu beteiligen.

Es bleibt zu wünschen, daß die hier begonnene Arbeit fortgesetzt wird.

Dr. Karl-Heinz Harbeck
Direktor der Landeszentrale
für Politische Bildung
Schleswig-Holstein

Vorbemerkungen der Autorinnen

Wir danken allen unseren Interviewpartnerinnen und -partnern, die uns so bereitwillig Auskunft gegeben haben. Ohne sie hätte das Buch nicht in dieser Form erscheinen können. Zudem danken wir Dr. Maike Hanf (Flensburg) und Claus Olsen (Flensburg), die uns Material über Flensburger Ratsfrauen zur Verfügung gestellt haben.

Dank gebührt auch der Landeszentrale für Politische Bildung, die die Veröffentlichung dieser Biographien ermöglichte.

Sabine Jebens-Ibs
Maria Zachow-Ortmann

Sabine Jebens-Ibs / Maria Zachow-Ortmann

I. Landtagsabgeordnete

ILSE BRANDES

* 04.12.1897 Altena/Westfalen
† unbekannt

Ilse Brandes, geb. Seelig, wird 1897 in Altena/Westfalen geboren. Über ihre persönlichen Verhältnisse vor 1946 wissen wir nur, daß sie mit einem in Kiel stationierten Marinesoldaten verheiratet war, der offenbar im Krieg fiel. 1945 kommt sie als Witwe aus Berlin nach Lübeck, wo sie 1945 eine private Flüchtlingsfürsorge aufbaut. In einem Büro in der Glockengießerstraße 15, in dem sie

einige Hilfskräfte beschäftigt, berät sie Flüchtlinge und verteilt Kleidungsspenden der Wohlfahrtsverbände. Zudem gehört sie dem im Sept./Okt. 1945 gebildeten Flüchtlingsausschuß der Stadt an, in deren Auftrag sie Flüchtlingsunterkünfte überprüft.

Im Frühjahr 1946 beantragt sie bei der Stadt Fördermittel für ihre Organisation. Ihr Antrag wird aber von den Behörden mit der Begründung abgelehnt, daß eine private Fürsorgeeinrichtung neben den vier von den Militärbehörden zugelassenen Organisationen DRK, Arbeiterwohlfahrt, Evangelisches Hilfswerk und Caritas nicht sinnvoll sei und daß zudem ihre Mitarbeiter nicht den *„heutigen politischen Zuverlässigkeitsmaßstab"* genügten.

Im Juni 1946 beschwert sich Ilse Brandes beim Kieler Oberpräsidium über unhaltbare Zustände im Flüchtlingslager Gothmund. Als sie ihren Vortrag darüber vor der „Notgemeinschaft Schleswig-Holstein" mit einer Bitte um finanzielle Unterstützung verknüpft, die ihr auch in Höhe von 2000 Mark gewährt wird, schreiten die Lübecker Kreisverbände der Wohlfahrtsorganisationen ein, die sie offenbar als Konkurrentin betrachten. Insbesondere das DRK, unter dessen Aufsicht die Lübecker Flüchtlingslager stehen, wirft Ilse Brandes vor, erstens sich mit ihrem Briefkopf einen *„behör-*

13

denmäßigen" Anstrich zu geben und damit die Flüchtlinge zu täuschen. Zweitens habe sie auch die Tatsachen hinsichtlich der Zustände im Lager Gothmund verdreht, um von der „Notgemeinschaft Schleswig-Holstein" finanzielle Unterstützung zu erhalten. Man habe Frau Brandes mehrfach die Mitarbeit in den bestehenden Verbänden angeboten, aber sie habe das immer mit dem Hinweis abgelehnt, sie müsse „*in größerem Rahmen wirken"*.

Der Sozialsenator Haut schließt sich in einem Schreiben an die Sozialabteilung in Kiel der Darstellung des DRK an und kündigt an, daß Ilse Brandes nach der Kommunalwahl im Herbst dem neuzubildenden Flüchtlingsausschuß wohl nicht mehr angehören werde. In der Folge kommt Brandes der Aufforderung der Stadt nach, den Briefkopf zu ändern, stellt ihre Arbeit aber nicht ein.

In ihrer Partei setzt sie als Mitbegründerin des Landes- und Zonen-Flüchtlingsausschusses und in den Flüchtlingsausschüssen der CDU/CSU ihr sozialpolitisches Engagement für die Flüchtlinge fort und wird in den Landesvorstand und den Landesausschuß der CDU gewählt. Einen weiteren Schwerpunkt bildet die Frauenarbeit in der CDU; sie gründet den Landesfrauenausschuß, wird dessen zweite Vorsitzende und arbeitet darüber hinaus in den Arbeitsgemeinschaften der Frauenausschüsse der britischen und amerikanischen Zone mit.

Für die CDU kandidiert sie bei der ersten schleswig-holsteinischen Landtagswahl im April 1947 im Wahlkreis 39: Lübeck III, gelangt aber über den 16. Listenplatz in den Landtag, dem sie bis 1950 angehört. Zudem wird sie Mitglied des amtlichen Flüchtlingsbeirates der drei Westzonen.

Im November 1947 gründet Ilse Brandes das Christlich-Soziale Werk e.V., dessen Hauptgeschäftsstelle sich in Kiel befindet, wo sich 14 Tage später ein Kreisausschuß unter dem Vorsitz der CDU-Mitglieder Wilhelm Vormeyer, Georg Nolte und Gertrud Brauer konstituiert. Mit dem Verein will Ilse Brandes fürsorgerisch wirken, um dem politischen Radikalismus vozubeugen. Ihre Aussage, das Werk solle allen zugute kommen und man müsse jetzt energisch an die Lösung des Flüchtlingsproblems herangehen, enthält auch Kritik an der bisher geleisteten Arbeit der Wohlfahrtsverbände und der Behörden.

Darüber hinaus macht sie neben den deutschen Stellen aber vor allem die Alliierten dafür verantwortlich, daß man bei der Lösung des Flüchtlingsproblems keinen wesentlichen Schritt vorangekommen sei. Sie fordert von den Siegermächten eine umfassende Hilfe zur Wiederherstellung der Wirtschaftskraft Deutschlands, um erträgliche Lebensbedingungen zu schaffen. Die Gründung einer Flüchtlingspartei lehnt sie aber entschieden ab, weil sie ihrer Meinung nach die Spaltung der Bevölkerung in Einheimische und Flüchtlinge verstärke, weil sie mit ihrer rein materiellen Zielsetzung keinen entscheidenden Einfluß auf die Regierung eines Landes und des Bundes gewinnen könne und zudem den Einfluß der Einheimischen in den bestehenden Parteien fördere, da sie diesen die Wählerstimmen entzöge.

Mit dieser ablehnenden Haltung gegenüber dem neugegründeten BHE scheint Brandes nicht auf Gegenliebe in ihrer Partei gestoßen zu sein, die nach der Wahl 1950 eine Koalition mit dem BHE eingeht. Brandes wird für die Landtagswahl 1950 nicht wieder nominiert; selbst der Landesflüchtlingsrat soll nicht bereit gewesen sein, sie als Kandidatin vorzuschlagen.

Ilse Brandes zieht daraus die Konsequenzen; am 12. April 1950 tritt sie aus der CDU mit der Begründung aus, die Partei biete mit ihrem Verhalten keine Aussicht auf Erfüllung ihrer Anschauung über die ,,*Gleichachtung*" der Frau und auf eine vordringliche, gründliche Flüchtlingspolitik.

1955 ist Ilse Brandes von Lübeck nach Bonn verzogen; über ihren weiteren Werdegang konnte nichts in Erfahrung gebracht werden. (sji)

wo sie ihren Mann Niels Brodersen, der aus einer sozialdemokratischen Familie stammt, kennenlernt und mit ihm zusammenarbeitet. 1921 tritt Anne Brodersen in die SPD ein.

Nach der Geburt ihres ersten Sohnes im Jahre 1922 arbeitet sie im darauffolgenden Jahr einige Monate im Allgemeinen Konsumverein. 1924 wird der zweite Sohn geboren. Vermutlich eher um mehr Kompetenzen im Umgang mit jungen Mädchen zu erreichen als aus Interesse an der Sache selber, läßt sich Anne Brodersen in einem Kursus bis 1930 zur Hauswirtschaftsmeisterin ausbilden, denn sie betrachtet den Haushalt allenfalls als notwendiges Übel.

In dieser Zeit arbeitet sie in verschiedenen Funktionen in der SPD, zuletzt als Leiterin einer Frauenabteilung und als Mitglied des Kieler Kreisvorstandes.

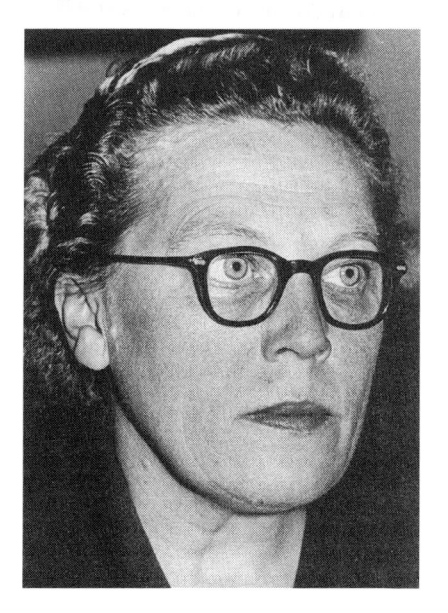

ANNE BRODERSEN

* 16.02.1903 Kiel
† 18.07.1971 Kiel

Anne (Anna) Brodersen, geb. Schröder, wird am 16. Februar 1903 in Kiel geboren. Sie wächst in einer kinderreichen Arbeiterfamilie auf. 1917 verläßt sie die Schule, ,,*ohne deren Ziel erreicht zu haben*".

Mit Abschluß ihrer Lehre als Kontoristin bei Bahr/Spatenbräu zum 31.12.1920 tritt sie aus der Kirche aus und wird Mitglied der sozialistischen Arbeiterjugend,

Nachdem Anne Brodersen 1933 für drei Wochen inhaftiert worden ist, zieht die Familie nach Berlin, „um sich unsichtbar zu machen". Von 1943-45 wird sie dienstverpflichtet und arbeitet im Wirtschaftsamt in Berlin-Wilmersdorf; ihr Mann hat eine Stelle als Kartograph im Kriegsministerium. Die Brodersens halten während dieser Zeit engen Kontakt zu den Genossen, mit Gayk und Rickers gibt Anne Brodersen den „Weckruf" heraus.

1945 beginnt Anne Brodersen sofort wieder mit der Parteiarbeit und leitet bis 1948 die Frauengruppe in Berlin-Köpenick.

1949 kehrt sie mit ihrer Familie zurück nach Kiel. Sie wird Leiterin der Frauenarbeit und damit auch Mitglied des Bezirksvorstandes der SPD Schleswig-Holstein.

Ihr Sohn Hagen kommt kriegsversehrt nach Hause und lebt bei seinen Eltern, der Sohn Jürgen gilt seit 1944 als vermißt.

Anne Brodersen reist im Lande herum, um vor Frauengruppen Vorträge zu halten und die Frauen von der Notwendigkeit, sich an der Politik zu beteiligen, zu überzeugen.

„Hatten vielleicht einige der Versammelten die Befürchtung gehabt, nun von einer aus aller Fraulichkeit gelösten Politikerin mit politischen Theorien überschüttet zu werden, so erfuhren sie ganz das Gegenteil. Zu ihnen sprach eine Frau, eine Hausfrau mit allen Sorgen und Nöten des Alltags in Haushalt und Küche ... Anni Brodersen verlangte nicht, daß die Frauen ‚Politikerinnen' werden, sie hielt nur eine Grundkenntnis

der wichtigsten Vorgänge für notwendig, weil bei den Entscheidungen an der Wahlurne nicht ein trügerisches Gefühl, sondern der klare Menschenverstand entscheidend sein sollte." (SHVZ v. 4.10. 1951)

Im 1950 gegründeten Landesfrauenrat vertritt sie die SPD-Frauen und wird sofort zur 2. Vorsitzenden gewählt, ein Amt, das sie ausgleichend und vermittelnd bis 1970 innehat, als sie es wegen einer schweren Erkrankung niederlegen muß. Dies ist umso bemerkenswerter, als die SPD-Frauen dem Landesfrauenrat während seiner Planungsphase zunächst skeptisch gegenüberstanden, sich dann aber trotz eines vom SPD-Parteitag wiederholt ausgesprochenen Verbotes für Genossinnen, sich an überparteilichen Frauenzusammenschlüssen zu beteiligen, zum Mitmachen entschlossen.

1951 wird Anne Brodersen in die Kieler Ratsversammlung gewählt, der sie bis 1963 angehört. Außerdem ist sie von 1956-63 ehrenamtliche Stadträtin (Mitglied des Magistrats) in Kiel. Als Dezernentin für das Büchereiwesen baut sie vor allem die Jugendbibliotheken aus. Sie ist Mitglied des Schul- und des Theaterausschusses. Sie kümmert sich um den Ausbau des Netzes der Alten- und Pflegeheime und deren Ausstattung nach den neuesten Erkenntnissen der Alterswissenschaft, um die Ordnung des Hebammenwesens in Schleswig-Holstein und, angeregt durch eigene Erfahrungen als Patientin, um die Verpflegungsversorgung und Ausstattung der Krankenhäuser.

1954 kandidiert Anne Brodersen im Wahlkreis 27 erfolgreich für den Landtag und ist damit eine von zwei Frauen in der

Fraktion. Sie arbeitet in den Ausschüssen für Volksbildung, Volkswohlfahrt, Arbeit und Aufbau sowie Ernährung, Landwirtschaft und Forsten mit.

1958 verleiht ihr Innenminister Dr. H. Lemke die Freiherr-v.-Stein-Medaille des Landes Schleswig-Holstein für ihre Verdienste um das Gemeinwohl.

In der 4. Wahlperiode von 1958-62 übernimmt sie den Vorsitz im Ausschuß für Volkswohlfahrt, bleibt auch im Ausschuß für Volksbildung, ersetzt aber die beiden „nicht frauentypischen" Ausschüsse durch diejenigen für Volksgesundheit und für Jugendfragen. Auch in den beiden folgenden Wahlperioden arbeitet sie in den Ausschüssen für Volkswohlfahrt und Volksgesundheit, zuletzt auch noch einige Zeit im Ausschuß für Heimatvertriebene. Ferner gehört sie dem Landesvorstand der AWO an und ist Mitglied im Beirat der Sektion Schleswig-Holstein der Deutschen Gesellschaft für Ernährung.

Am 22.1.1968 wird Anne Brodersen das Bundesverdienstkreuz 1. Klasse von Ministerpräsident Dr. Lemke verliehen.

Am 4. November 1968 teilt Anne Brodersen dem Landtagspräsidenten Dr. Paul Rohloff mit, daß sie ihr Abgeordnetenmandat aus Krankheitsgründen niederlege.

Nach längerer schwerer Krankheit stirbt Anne Brodersen am 18. Juli 1971 in Kiel. (mzo)

FRIEDA HACKHE-DÖBEL
* 09.04.1911 Kiel
† 26.09.1977 Kiel

Frieda Hackhe-Döbel, geb. Döbel, wird am 9. April 1911 in Kiel-Ellerbek geboren. Sie hat drei Schwestern und einen Bruder; der Vater ist Hafenarbeiter, die Mutter Hausfrau.

Schon während ihrer Volksschulzeit ist Frieda Hackhe-Döbel in der Kinderfreundebewegung tätig. „Aus wirtschaftlichen Gründen", wie sie selber schreibt, muß sie auf eine Berufsausbildung verzichten, wird zunächst Gänsehirtin, eine der schwierigsten Aufgaben in ihrem Leben, wie sie einmal sagt. Dann verdient sie ihren Lebensunterhalt als Hausgehilfin in einer Bäckerei, wo sie die sozialen und gesellschaftlichen Nöte und Unge-

17

rechtigkeiten in diesem Beruf kennenlernt.

Ihre Bemühungen, sich in Volkshochschulkursen fortzubilden, werden von ihrem Arbeitgeber (auch von späteren) nicht nur nicht gefördert, sondern sogar behindert. Auch ihre aktive Mitarbeit in der sozialistischen Arbeiterjugend ist immer wieder Stein des Anstoßes. Durch die Arbeit in einem Jugendheim in Schleswig-Holstein wird ihr Interesse an der öffentlichen Jugendwohlfahrtsarbeit geweckt.

Hertha Wulff, die Frieda Hackhe-Döbel 1930 kennenlernte, als diese und die Leiterin eines Kindererholungsheimes u.a. Hertha Wulff für eine Praktikantenstelle aussuchten, schildert die junge Frieda Döbel als ernsten Menschen. Beide fühlten sich in ihrer politischen Grundhaltung verbunden, lasen Hamsun, ,,Pelle, der Eroberer" und ,,Ditte Menschenkind" von M. Andersen-Nexö. Frieda Hackhe-Döbel hatte nach den Aussagen ihrer Freundin einen scharfen Verstand und eine dünne Haut. Aber sie lachte auch gern, wie viele betonen, die sie kannten.

1933 wird Frieda Hackhe-Döbel aus dem Kindererholungsheim der Stadt Harburg in Dibbersen entlassen, nachdem die Nazis angekündigt hatten, ,,diese rote Höhle auszuräuchern". Sie findet dann eine Anstellung als Wäscherin, später als Wirtschafterin in Kinderheimen. Sie faßt den Entschluß, Gewerbelehrerin zu werden und bekommt ein Stipendium für begabte Arbeiterkinder, mit dem sie ihr Studium in Kiel und in Berlin am Berufspädagogischen Institut und an der Handelshochschule zu einem Teil finanziert; die übrigen Ausbildungskosten stellen ihr Freunde leihweise zur Verfügung.

Sie versucht sich aus der NS-Politik herauszuhalten, wo immer es geht, und wird schließlich, um dem Drängen von Professoren und Kommilitonen auf Beitritt in die NSDAP aus dem Weg zu gehen, Mitglied der NS-Volkswohlfahrt, was aber nicht ausreicht, um im Anschluß an das Studium in das Beamtenverhältnis übernommen zu werden. Ihre Examensarbeit im Fach Staatsbürgerkunde soll sie zum Thema ,,Arbeiter und Soldat als Typ des neuen deutschen Menschen" schreiben, um sie zu unbedachten Äußerungen über den Nationalsozialismus zu verleiten, wie sie vermutet. Sie geht dem aus dem Wege, indem sie sich über die Schönheit des Bamberger Reiters ausläßt, die entsprechende Bewertung außer acht lassend. Wegen des Lehrermangels kann sie dann jedoch als angestellte Berufsschullehrerin arbeiten, ihre Anstellung als Beamtin erfolgt erst nach der Kapitulation.

Sofort nach Kriegsende, im Mai 1945, stellt sich Frieda Hackhe-Döbel der SPD zur Verfügung. Sie trifft nun in Kiel wieder auf Hertha Wulff, die mit ihrem Mann dorthin gezogen ist. Die gemeinsame Wohnung in der Bergstraße 3 wird zum – zunächst noch illegalen – Treffpunkt der SPD-GenossInnen, die hier zusammenkommen und ihre politische Arbeit diskutieren und vorbereiten.

Frieda Hackhe-Döbel beteiligt sich am Aufbau der Jugendbewegung, der Jugendvolkshochschule, der Jugendwohlfahrtsarbeit und dem Schulwesen in Kiel und in der Provinz.

In der ernannten Ratsversammlung der Stadt Kiel ist sie bürgerliches Mitglied in den Fachausschüssen für Schule und Berufsschule und als Vertreterin der weiblichen Jugendpflege im Fachausschuß für Jugendwohlfahrt. Außerdem arbeitet sie im Entnazifizierungsausschuß „Lehrer" der Stadt Kiel.

Aufgrund dieser Tätigkeiten wird sie, wie sie selber schreibt, in den ersten ernannten Landtag berufen. Auch im zweiten ernannten Landtag erhält sie ein Mandat, und sie kehrt auch 1947 in den ersten gewählten Landtag zurück.

Hertha Wulff übernimmt nach der Geburt ihrer Tochter 1947, die sie ans Haus bindet, die häuslichen Aufgaben in der gemeinsamen Wohnung und hält so ihrer Freundin den Rücken frei u.a. für die Wahlkampfarbeit, an der sich Frieda Hackhe-Döbel 1947 mit engagierten Reden beteiligt.

Frieda Hackhe-Döbel wird parlamentarische Vertreterin des Volksbildungsministers Kuklinski, und man sagt ihr nach, sie sei *„der eigentliche Kopf"* im Ministerium gewesen. 1947 besucht sie mit einer Delegation deutscher Politiker England, um sich über die Unterbringung deutscher Kriegsgefangener zu informieren. Über ihre Erfahrungen gibt sie noch in England ein Interview (als stellvertretende Ministerin!), in dem sie eine Lanze für deutsch-englische Ehen bricht, und hält nach ihrer Rückkehr Vorträge über „Sieben Wochen in einem Kriegsgefangenenlager in England".

Als Mitglied des Ausschusses für Volksbildung und Erziehung, dem sie schon in den beiden ernannten Landtagen

angehörte und dessen Vorsitz sie nach ihrer Wahl 1947 bis zur Geburt ihres Sohnes 1949 übernimmt, widmet sie sich ganz besonders dem Aufbau des Schulwesens.

Aufgrund ihrer eigenen Erfahrungen mit einem die Begabung behindernden Bildungssystem und als Lehrerin hält sie die umfassende Reform des Schulwesens, die die Ausbildung aller Kinder nach Maßgabe ihrer Anlage und nicht nach dem Geldbeutel sicherstellt, für eine große politische Aufgabe.

Zwei zentrale Zielvorstellungen bewegen Frieda Hackhe-Döbel: Wie können wir die junge Generation für die Demokratie gewinnen und wie die Frauen für die Politik?

Obwohl ganz ausdrücklich an dem SPD-Leitbild der partnerschaftlichen Zusammenarbeit von Männern und Frauen orientiert, ruft Frieda Hackhe-Döbel in ihren Reden und einem Handzettel an die *„verehrten Wählerinnen und Wähler"* die Frauen ganz besonders auf, sich an der Politik zu beteiligen, da die *„12 Jahre autoritärer Männerwirtschaft ein klassischer Beweis dafür (sind), daß es nicht gut ist, wenn Männer allein das politische Leben und Wirken eines Staates bestimmen"*.

In dieser Zeit heiratet sie Emil Hackhe, der ebenfalls Gewerbelehrer ist und an der Muthesius-Schule in Kiel eine kleine Druckerei als Schulbetrieb leitet.

1948 kandidiert sie ohne Erfolg bei der Kommunalwahl in Kiel. 1949 wird ihr Sohn Ulrich geboren.

Obwohl sie in ihren Reden immer die Not der Menschen in den Mittelpunkt stellt und mit erschütternden Beispielen aus ihrer eigenen Anschauung belegt, wird doch unmißverständlich deutlich, daß Frieda Hackhe-Döbel es gewohnt ist, in politischen Zusammenhängen zu denken und daß sie sich keineswegs auf die sogenannte weibliche Sicht der Dinge beschränkt.

So spricht sie auch in Frauenversammlungen über Probleme wie die Sozialisierung der Grundstoffindustrien, die Schaffung neuer Industriezweige in Schleswig-Holstein oder die Agrarreform und vermittelt ihren Zuhörerinnen so einen Eindruck von den nicht frauentypischen Zielen sozialistischer – wie sie sagt, nicht etwa sozialdemokratischer – Politik.

Obwohl ihre Vorträge lebendig und anschaulich zu lesen sind, tritt sie als Rednerin in den beiden ernannten Landtagen gar nicht in Erscheinung und in der ersten Wahlperiode dann auch nicht so, wie man es sich aufgrund ihrer in der Öffentlichkeit gehaltenen Reden und der Schilderungen von ihr als politisch kompetenten und beherzten Menschen hätte erwarten können.

Wenn man ihre (wenigen erhaltenen) Reden liest und die ZeitzeugInnen hört, ist kaum zu verstehen, daß sie sich 1949 so schnell aus der Politik verabschiedet. Die offizielle Version lautete wohl, sie wolle sich der Familie widmen. Dazu kommt sicher, daß sie um keinen Preis ihren Beruf als Lehrerin aufgeben wollte, wie ihre langjährige Bekannte und Pflegerin Frau Schönherr berichtet. Als anläßlich der Diskussion um das Doppelverdienertum die Frage auftaucht, welcher der Ehepartner aus dem Staatsdienst ausscheide, ob Frieda Hackhe-Döbels

Mann oder sie das Lehramt aufgeben würde, soll sie gesagt haben, ihr Weg dahin sei zu dornenvoll gewesen, als daß sie das Erreichte nun einfach aufgeben könne. Daraufhin macht sich ihr Mann mit der Druckerei selbständig und quittiert seinerseits den Schuldienst.

Daß Frieda Hackhe-Döbel sich gänzlich aus der Politik verabschiedete, muß nach dem Eindruck ihres Sohnes vor allem auf die tiefe Enttäuschung seiner Mutter zurückgeführt werden, daß es nicht gelungen war, nach dem Zusammenbruch des Nationalsozialismus die sozialdemokratischen Ziele, vor allem in der Bildungspolitik, zu vermitteln. *„Auch der nicht aufhaltbare Aufstieg des Adenauer-Staates mit seinen Wertvorstellungen und die Wiederaufrüstung haben sicherlich dazu geführt, daß meine Mutter resigniert hat und sich in den Beruf und später in das Privatleben zurückgezogen hat. Ich habe meine Mutter in den letzten Jahren eher pessimistisch in Bezug auf die Zukunft der Menschheit erlebt.“*

Aufgrund einer schweren Erkrankung wird Frieda Hackhe-Döbel vorzeitig berufsunfähig, und nach einem Schlaganfall wird sie von ihrem Mann und Frau Schönherr bis zu ihrem Tode am 26. September 1977 zu Hause in Kiel gepflegt. (mzo)

ELISABETH JENSEN

* 31.03.1908 Leipzig
† 30.12.1978 Schleswig

Elisabeth Jensen wird am 31. März 1908 als zweite Tochter eines selbständigen Handwerksmeisters in Leipzig geboren. Der Vater ist Sozialdemokrat, die Mutter politisch nicht engagiert.

1927 bis 1929 absolviert sie in Leipzig die Ausbildung zur Volksschullehrerin mit zusätzlicher Fakultas für Nadelarbeit, Sport und Hauswirtschaft an Gymnasien und arbeitet bis 1933 im Schuldienst.

Während einer Urlaubsreise lernt sie auf der Insel Sylt ihren Mann kennen, der ein Tapeten- und Dekorationsgeschäft in Schleswig besitzt. 1933 heiraten die beiden, und Elisabeth Jensen verzichtet auf die Beamtenrechte, die ihr wegen der Kürze ihres Schuldienstes noch nicht zustehen.

1934 wird ein Sohn, 1937 eine Tochter geboren. 1938 stirbt ihr Mann an einer Lungenentzündung.

1939 stellt sich Elisabeth Jensen beim Bürgermeister Lembke in Schleswig vor, weil sie in den Schuldienst zurückkehren will. Entgegen der öffentlichen Meinung ist sie der Ansicht, daß der Krieg länger dauern werde und daß damit auch die Zukunft ihres Tapetengeschäftes infragegestellt sei.

Am 1.10.1939 beginnt Elisabeth Jensen als Angestellte in einer Schule in Schleswig. Bis 1943 führt sie dann aber doch das Geschäft „nebenher" weiter. Mit zwei kleinen Kindern, einer Schwiegermutter, dem Geschäft und der Berufs-

tätigkeit voll ausgelastet, kann sie gute Gründe vorbringen, wo immer von ihr – vergebens – Engagement für nationalsozialistische Aktivitäten gefordert wird. Statt an Paraden teilzunehmen, übernimmt sie z.B. freiwillig den Wachdienst in der Schule. Als ihr Sohn für die NAPOLA vorgeschlagen wird, bewahrt sie ihn mit dem Hinweis auf die durch den Verlust des Vaters ohnehin beeinträchtigte Familie davor und durch pausenlose Entschuldigungen vor der Vereinnahmung durch die Hitlerjugend.

Neben die Ablehnung des Systems tritt für Elisabeth Jensen die Verachtung für die Vergabekriterien für Posten, woraus sie für sich ein Gefühl der Überlegenheit entwickelt. Dadurch erhält sie sich eine gewisse innere Unabhängigkeit, mit der sie u.a. die Familie eines vom Regime verfolgten Nachbarn praktisch unter-

stützt, z.b. indem sie ihr Dienstmädchen unentgeltlich dorthin schickt, um die Straße vor dem Nachbarhaus mit zu fegen.

Durch die Beschlagnahme eines im mittlerweile leerstehenden Laden untergebrachten Lagers von militärischem Zubehör bekommt Elisabeth Jensen nach der Kapitulation Kontakt zu den Engländern, denen gegenüber sie sich so unerschrocken zeigt, wie sie es gewohnt ist. Möglicherweise durch ihr selbstbewußtes Auftreten, vermutlich aber auch durch ihre Bereitschaft für ihr bekannte Personen als Bürgin im Entnazifizierungsverfahren auszusagen, wird Elisabeth Jensen in den ersten ernannten Landtag berufen.

Der in einem Telegramm vom 26.2. 1946 an den ersten ernannten Landtag von Schleswiger CDU- und SPD-Vertretern geäußerte Widerstand gegen die Berufung Elisabeth Jensens (und Theodor Banniers) ist aller Wahrscheinlichkeit nach auf ihre Ablehnung einer parteipolitischen Bindung zurückzuführen. Elisabeth Jensen informiert sich bei den Parteien sehr wohl, kann sich aber zu einem Beitritt nicht entschließen. Zum einen hat dies seine Ursache in ihrer Beurteilung der konkreten Parteienlandschaft (bei der CDU stört sie das Christliche, die SPD in Schleswig-Holstein ist ihr zu *„hemdsärmelig"* – auf Bundesebene sind für sie durchaus akzeptable Persönlichkeiten vorhanden), zum anderen stößt sie sich an strukturellen Gegebenheiten wie Parteidisziplin (*„… daß das Ding ,Hammelsprung' heißt, entspricht nach ihrer Vorstellung genau dem, was die daran Beteiligten dabei aus sich machen …"*). Auch die *„Geschwätzigkeit"* in den Parteizirkeln ist ihr zuwider, da sie sich durch große Verschwiegenheit auszeichnet.

Ihre Berufung in den ersten ernannten Landtag nimmt sie gern wahr, ist auch durch die Ablehnung der örtlichen Parteien keineswegs verunsichert. Sie empfindet sich durch diese Arbeit *„am Puls der Zeit"*.

In dieser Zeit leben in ihrem Haus elf „Parteien" Flüchtlinge, denen sie im Keller elf Kochstellen einrichtet – der Einsicht folgend, daß ein eigener Herd das Wichtigste sei.

Zu den Sitzungen des Landtages in Kiel werden sie, Bannier und auch Pastor Muuhs von einem Margarinevertreter im Auto mitgenommen, wobei die Männer ihr häufiger *„etwas voressen"*, ohne ihr von dem Brot etwas anzubieten, als es im Landtag (noch) keine Verpflegung (bzw. keine mehr) gibt. Es kränkt sie sehr, daß ihre KollegInnen in der Schule „ihre" Stunden, die sie wegen ihrer Landtags-Verpflichtung nicht geben kann, nur mit Murren vertreten, obwohl sie sich ja den Mühen der Fahrt und der Arbeit im Landtag (und der Entfernung von der Familie) unterzieht.

1948, nachdem sie VerteterInnen der ersten LehrerInnengeneration nach dem Kriege in die Arbeit eingewiesen hat, quittiert sie den Schuldienst und eröffnet das Geschäft erneut, um es dann aber schon 1950, mit 42 Jahren, wieder zu verpachten und sich ganz der Familie und ihren persönlichen Neigungen zu widmen.

Nach Aussage ihrer Tochter war Elisabeth Jensen eine eigenwillige Frau, die, am bürgerlichen Liberalismus orientiert, sich ihrer sozialen Verantwortung durchaus bewußt war, eloquent, sehr belesen und kulturell sehr bewandert, verankert in einem großen Freundeskreis, mit dem sie sich austauschte.

So braucht sie die Politik als Betätigungsfeld und Möglichkeit der Selbstbestätigung keineswegs, ist gesellschaftlich „auch so" anerkannt. Sie hat später gelegentlich mit Blick auf die schleswig-holsteinische Sozialministerin gesagt: „*Seht mal, die Ohnesorge, das hätte ich auch machen können*", aber keineswegs bedauernd, denn sie stand zu ihrer Wahl, nicht in die Politik zu gehen.

Am 30.12.1978 stirbt Elisabeth Jensen in Schleswig. (mzo)

preußen, wo 1935 die einzige Tochter geboren wird.

ERNA KILKOWSKI

* 06.10.1907 Breslau
† 27.09.1985 Bremen-Farge

Erna Kilkowski, geb. Petrausch, wird am 6. Oktober 1907 in Breslau geboren. Ihr Vater ist Oberpostsekretär, die Mutter Hausfrau, sie hat einen Bruder. Sie besucht das Lyzeum und nach der mittleren Reife die Handelsschule ihrer Heimatstadt. Anschließend absolviert sie ein zweijähriges Volontariat in Betrieb und Redaktion der „Breslauer Neuesten Nachrichten", in deren Propagandaabteilung sie bis zu ihrer Eheschließung tätig ist. 1928 heiratet sie den Juristen Fritz Kilkowski. Das Ehepaar zieht aus beruflichen Gründen nach Königsberg/Ost-

Auf der Flucht werden Mutter und Tochter 1945 nach Dithmarschen verschlagen. Erna Kilkowski macht eine spontane Idee zur Grundlage ihres Broterwerbes: ein Paar Strohschuhe, noch in Königsberg erworben, inspiriert sie zur Gründung eines eigenen Strohverarbeitungsbetriebes in Hemmingstedt, in dem sie bis zu 50 Angestellte beschäftigt. Schon 1946 tritt sie der CDU bei.

1947 kehrt ihr Mann aus der Gefangenschaft zurück, aber er erholt sich nicht von den Kriegsfolgen und stirbt 1948. Nach der Währungsreform gibt es für die Stroherzeugnisse (Schuhe, Taschen, Matten etc.) keinen rechten Markt mehr, und der Versuch, mit einer kleinen Baumwollweberei die Verluste auszugleichen, schlägt fehl.

1951 übernimmt Erna Kilkowski den Posten der Kreisgeschäftsführerin der CDU Norder- und Süderdithmarschen. Sie sitzt von 1948 – 1951 im Gemeinderat von Hemmingstedt, von 1948 – 1955 und von 1957 – 1970 ist sie Mitglied des Kreistages Süderdithmarschen. Von 1948 – 1955 leitet sie den Kreiswohlfahrtsausschuß, dessen Mitglied sie anschließend bleibt. Auch im Kreisschul-, Kreiskultur- und Kreisjugendausschuß ist sie während ihrer Kreistagzugehörigkeit Mitglied. Nach der Zusammenlegung der Dithmarscher Kreise kandidiert sie nicht mehr für den Kreistag. Man sagt, es sei Erna Kilkowski zu verdanken, daß Meldorf als ,,Ersatz" für den Verlust des Kreissitzes das Dithmarscher Amtsgericht erhielt.

Dem Landesvorstand der CDU gehört Erna Kilkowski seit 1949 an, als erste Frau dem Landtags-Fraktionsvorstand der CDU, bis 1955 ist sie zudem Mitglied des Ehrenrates ihrer Partei. Von 1958-1970 gehört sie dem Bundesvorstand der Frauenvereinigung der CDU an, deren Landesverband Schleswig-Holstein sie von 1962 bis 1968 leitet.

Am 9.12.1957 kommt Erna Kilkowski erstmalig als Nachrückerin in den Schleswig-Holsteinischen Landtag, dem sie dann – mit einer Unterbrechung in der ersten Hälfte der 6. Wahlperiode – bis zu deren Ende am 15.5.1971 angehört.

In den Ausschüssen für Jugendfragen, Volksgesundheit und Heimatvertriebene arbeitet sie während mehrerer Wahlperioden mit und übernimmt teilweise den stellvertretenden Vorsitz sowie die Leitung (im Ausschuß für Heimatvertriebene in der 5. Wahlperiode). Auch in den Ausschüssen für Arbeit und Aufbau, Ernährung, Landwirtschaft und Forsten sowie Volksbildung ist sie in jeweils einer Wahlperiode vertreten, außerdem von 1957-58 und von 1969-71 im Ausschuß für Justiz, zu dem sie sich durch ihre Tätigkeit als Beisitzerin im Oberverwaltungsgericht Lüneburg von 1953-57 möglicherweise besonders berufen fühlt.

Zur 3. Bundesversammlung 1959 wird sie als Ersatzmitglied gewählt, an der 4. Bundesversammlung 1964 nimmt sie als gewähltes Mitglied teil. Dem Landesjugendwohlfahrtsausschuß gehört sie vom Oktober 1954 bis zum April 1967 an, in der 5. Wahlperiode ist sie stellvertretendes Mitglied im Landeswahlausschuß.

1962 gründet Erna Kilkowski die ,,Deutsche Gesellschaft für staatsbürgerliche Familienberatung e.V." (DGF), die sie 20 Jahre lang leitet. 1971 zieht sie sich aus der parlamentarischen Arbeit zurück, um sich ganz der Arbeit in ihrem Verband zu widmen. Bei ihrem Rücktritt 1982 hinterläßt Erna Kilkowski ihrer gewählten Nachfolgerin Annemarie Schuster einen Trägerverband von acht Familienbildungsstätten (Elmshorn, Glückstadt, Plön, Eutin, Tarp, Heide, Meldorf und Brunsbüttel), den sie praktisch aus dem Nichts aufgebaut hat.

Nachdem sie 1961 bereits mit der Freiherr-v.-Stein-Medaille ausgezeichnet worden war, wird Erna Kilkowski in Würdigung ihres Einsatzes für das Land Schleswig-Holstein am 12.11.1970 das Bundesverdienstkreuz Erster Klasse verliehen.

Erna Kilkowski bereist im Laufe der Jahre viele Länder, sowohl mit dem Amt für staatsbürgerliche Bildung unter der Leitung von Herrn Dr. Hessenauer als auch mit dem eigenen Wohnwagen. Dabei beschränkt sie sich keineswegs auf Europa, sondern fährt auch nach Südostasien, Japan sowie Süd- und Nordafrika, was nach Ansicht ihrer ZeitgenossInnen ihren Blick schärfte für das Wesentliche und das Machbare.

Nicht unerwähnt bleiben darf, daß es besonders für eine Frau an der Westküste nicht einfach war, sich mit zivilem Mut für die Demokratie einzusetzen, wie man es Erna Kilkowski bescheinigt.

Am 27. September 1985 stirbt Erna Kilkowski im Wohnort ihrer Tochter, in Bremen-Farge. Sie wird in Meldorf an der Seite ihres Mannes beigesetzt. (mzo)

schule) in Lübeck, danach das Johanneum, wo sie Ostern 1916 das Abitur macht. Ab dem Wintersemester 1916/17 studiert sie Geschichte, Literatur und Wirtschaftswissenschaften in München, Heidelberg und Kiel. 1922 wird sie an der Rechts- und Staatswissenschaftlichen Fakultät der Universität Kiel zum Dr. rer. pol. mit einer Arbeit über die Industrialisierung Lübecks promoviert, die 1984 in der Reihe der Veröffentlichungen zur Geschichte der Hansestadt Lübeck wieder aufgelegt wird. Nach der Promotion und ihrer ersten Eheschließung mit dem Arzt Josef Kons im Jahre 1922 lebt sie in Kiel und Hamburg. Sie besucht in Hamburg Vorlesungen in Chemie, Physik und Englisch und arbeitet als Vorstandsmitglied im Vaterländischen Frauenverein des Roten Kreuzes in Altona mit. Im November 1928 wird ihre Ehe geschieden.

DR. LUISE KLINSMANN
* 10.05.1896 Tramm
† 09.06.1964 Lübeck

Dr. Luise Klinsmann, geb. Schmidt, wird am 10.5.1896 in der Lübecker Enklave Tramm im Herzogtum Lauenburg als Tochter des Bezirksschullehrers Georg Schmidt (1869-1957) geboren, der später Leiter der Taubstummenschule in Lübeck wird. Ihre Mutter Auguste, geb. Möller (1868-1936), übt keinen Beruf aus.

Luise Klinsmann besucht zunächst die Höhere Mädchenschule (Ernestinen-

Von 1927 bis Januar 1929 leistet Luise Klinsmann ein Volontariat an der Stadtbibliothek in Lübeck ab, beendet ihre Ausbildung offenbar aber nicht wegen der Eheschließung mit dem Lübecker Studienrat Dr. phil. Wilhelm Klinsmann im Januar 1929 und der bevorstehenden Geburt ihres Kindes.

Bis 1945 ist Luise Klinsmann Hausfrau und widmet sich der Pflege ihrer behinderten Tochter. Einem politischen Engagement sind zudem enge Grenzen gesetzt. Da das Ehepaar Klinsmann der SPD nahesteht, ist es nach 1933 manchen Schikanen der Nationalsozialisten ausgesetzt. So wird Wilhelm Klinsmann 1938 vom Katharineum zum Johanneum versetzt und und bis zu seinem Tod im Jahre 1943 wegen kritischer politischer Äußerungen mehrmals denunziert und Disziplinarmaßnahmen unterworfen. So soll er beispielsweise trotz seiner Krankheit 1942 Flakhelfer im Außendienst in Travemünde betreuen.

1945 schließt sich Luise Klinsmann der SPD an und übernimmt im Kreisverein Lübeck die kulturelle Betreuungsarbeit; bei der Kommunalwahl im Oktober 1946 gelangt sie über die Reserveliste in die Bürgerschaft. Als erste Senatorin in Lübeck wird sie sofort mit der Leitung der Kultusverwaltung beauftragt, die damals noch das Theater, das Schulamt, Jugendamt und Sportamt umfaßt. 1949 setzt sie sich im Kultusministerium für das Weiterbestehen des Lübecker Denkmalschutzes ein mit dem Ergebnis, daß die Stadt eine relative Selbständigkeit auf diesem Gebiet behält. Ihr Lübecker Amt übt sie bis zu ihrem Tode aus. Im April 1950 wird sie von der Bürgerschaft einstimmig zum zweiten stellvertretenden Bürgermeister gewählt; dieses Amt hat sie bis 1955 inne.

Mit ganzer Kraft geht sie an den Wiederaufbau aller kulturellen Einrichtungen der Stadt und macht sich besonders um den Ausbau der Museen, der Büchereien, des Archivs sowie der Volkshochschule verdient. Trotz der schwierigen Finanzlage Lübecks setzt sie sich 1950 für den Erhalt der Städtischen Bühnen ein, die überregionalen Bedeutung haben und für die sie deshalb mehr Landesmittel einfordert. Eines ihrer wesentlichen Ziele für das Theater ist, die noch abseitsstehenden Bevölkerungskreise wie Flüchtlinge und Schüler an diese Institution heranzuführen und eine enge Verbindung zu den anderen Kulturinstituten der Stadt zu schaffen.

Als sie bei der ersten Landtagswahl 1947 über den 19. Listenplatz der SPD in den Landtag einrückt, widmet sie sich auch hier im Ausschuß für Volksbildung und Erziehung bildungspolitischen Aufgaben. Dem schulpolitischen Konzept der schleswig-holsteinischen Sozialdemokraten entsprechend, fordert sie Schulgeld- und Lernmittelfreiheit und soziale Beihilfen für begabte Kinder mittelloser Eltern als Rechtsanspruch, um für alle Kinder gleiche Aufstiegschancen zu schaffen. Zudem tritt sie für eine dreijährige gemeinsame pädagogische und wissenschaftliche Grundausbildung aller Lehrer bis zum ersten Examen ein, um einerseits das Niveau der Volksschullehrer zu heben, andererseits das pädagogische Element an den Gymnasien zu stärken und auf diese Weise die Kluft zwischen der Volksschule und der höheren

Schule zu überbrücken. Dieses „Lehrerausbildungsgesetz" gehört zu der 1948 eingeleiteten, in Öffentlichkeit und Parlament sehr umstrittenen Schulreform, in deren Rahmen eine sechsjährige Grundschulpflicht eingeführt wird. Nach dem Wahlsieg der CDU im Jahre 1950 wird die Reform wieder rückgängig gemacht.

Außer im Ausschuß für Volksbildung und Erziehung arbeitet Luise Klinsmann im Ausschuß für Entnazifizierung, für Verfassung und Geschäftsordnung sowie im Innenausschuß mit. 1950 kandidiert sie wieder auf der Landesliste der SPD, wegen der Wahlniederlage ihrer Partei allerdings ohne Erfolg.

Während ihrer Amtszeit als Kultursenatorin fördert Dr. Luise Klinsmann stark die Kontakte Lübecks zu den skandinavischen Ländern, mit dem Erfolg, daß 1953, 1954 und 1956 die kulturell und politisch wichtigen „Nordischen Tage" ausgerichtet werden können. Auf ihre Initiative hin kommen zudem Gastspiele des Lübecker Theaters in Odense und Aarhus, ein Symphoniekonzert des königlichen Orchesters aus Kopenhagen in Lübeck sowie der Schüleraustausch der Aarhuser Handelshochschule und der Lübecker Friedrich-List-Schule zustande. Für diese Verständigungspolitik wird ihr 1963 von dem dänischen Generalkonsul das Ritterkreuz 1. Klasse des Danebrog-Ordens überreicht.

1955 setzt sie gegen vielerlei Ressentiments durch, daß Thomas Mann, dem man in Lübeck noch immer den Buddenbrook-Roman und seine kritischen Äußerungen über das „Dritte Reich" verübelt, die Ehrenbürgerschaft seiner Vaterstadt verliehen wird. Nicht nur dieser Fall gibt Anlaß zu harten politischen Auseinandersetzungen in der Lübecker Bürgerschaft um die Kulturpolitik, sondern auch die geplante Inszenierung der Brecht-Komödie „Pauken und Trompeten", für die zum Herbst 1961 der Ostberliner Regisseur Carl Maria Weber verpflichtet wird. Nach einem Mehrheitsbeschluß des Senates gegen die Stimmen der SPD über die Absetzung des Stückes, die von der CDU damit begründet wird, daß der Autor Brecht nach dem Mauerbau im Westen nicht mehr aufführbar sei, wirft die CDU-Fraktion Luise Klinsmann schuldhaftes Pflichtversäumnis vor, weil sie den Beschluß nicht sofort an den Intendanten weitergeleitet, sondern die ganze Sache verschleppt habe. Der Abwahlantrag der CDU gegen die Senatorin wird dann allerdings Ende Oktober zurückgezogen, nachdem man sich auf einen Kompromiß verständigt hat und Klinsmann die Verwaltung der Städtischen Bühnen an den Bürgermeister Wartemann abtritt.

Luise Klinsmanns kulturpolitischen Verdienste, für die sie von der Landesregierung mit der Freiherr-v.-Stein-Medaille geehrt wurde, wurden auch über Lübeck hinaus allgemein anerkannt; sie galt als eine engagierte Frau, die mit Fleiß, Zähigkeit und leidenschaftlicher Einsatzbereitschaft für ihre Ziele eintrat, die aber sowohl auf der politischen Ebene als auch in ihrem Verwaltungsbereich als nicht bequem, zuweilen auch als unnahbar und distanziert erschien.

Dr. Luise Klinsmann erlag am 9.6.1964 im Alter von 68 Jahren nach längerer Bettlägerigkeit einem schweren Herzleiden. (sji)

ANNI KRAHNSTÖVER

* 04.06.1904 Kiel
† 27.07.1961 Bonn

Anni Krahnstöver, geb. Leffler, wird am 6. Juni 1904 in Kiel geboren. Der Vater ist Maschinenbauer.

Nach dem Besuch der Volks- und Mittelschule ist sie zunächst als Hausangestellte tätig, absolviert dann eine Ausbildung zur Kontoristin.

1920 tritt sie der Sozialistischen Arbeiterjugend bei, 1924 wird sie Mitglied der SPD und Angestellte des Bezirksvorstandes der SPD Schleswig-Holstein als Mitarbeiterin von Luise Schröder, die damals Leiterin des SPD-Frauenreferates Schleswig-Holstein ist. 1928/29 geht Anni Krahnstöver als Volontärin zum Parteivorstand nach Berlin und an-

schließend bis 1933 als eine der jüngsten Frauen-(Bezirks)sekretärinnen nach Oppeln/Schlesien. Dort findet sie in zweierlei Hinsicht ein steiniges Pflaster vor: sozialistische Arbeit gestaltet sich im konservativen Oberschlesien ohnehin schwer, umso mehr für eine junge Frau aus dem Norden, die ihre Parteigenossen aber dann durch Ausdauer und Fleiß zu überzeugen vermag.

1928 und 1930 werden ihre beiden Töchter geboren.

Auch nach Auflösung ihrer Partei 1933 und kurzer Verhaftung durch die Gestapo bleibt Anni Krahnstöver in ihrer Wahlheimat Oberschlesien und arbeitet als Handelsvertreterin.

1943 siedelt die Familie nach Königsberg über, wird total ausgebombt und kehrt zurück nach Oppeln, von wo sie im Januar 1945 zwangsevakuiert wird. Anni Krahnstöver flieht aus Oberschlesien, zunächst nach Mecklenburg, und kommt dann in ein Flüchtlingslager in der Lüneburger Heide, wo sie ein Hilfswerk organisiert, das vielen LeidensgenossInnen über die erste schwere Zeit hinweghilft.

1946 kehrt sie nach Schleswig-Holstein zurück, wohin man sie auf Wunsch von Luise Schröder als Frauensekretärin beruft. Andreas Gayk persönlich holt sie aus dem Lager in der Heide ab.

Zunächst nimmt die Familie in Eckernförde ihren Wohnsitz, und Anni Krahnstöver wird dort Mitglied des Kreisvorstandes der SPD, Mitglied des Flüchtlingsbeirates und des sozialpolitischen Ausschusses beim Parteivorstand. Man wählt sie am 8. Juni 1946 zur 2. Vorsitzenden des Bezirkes Schleswig-

Holstein der SPD. Sie wird von der SPD für den zweiten ernannten Landtag vorgeschlagen und übernimmt ihr erstes Landtagsmandat am 12. Dezember desselben Jahres. Unmittelbar danach wird sie in den Zonenbeirat, den Flüchtlingsrat für die britische Zone, gewählt, dem sie bis 1959 angehört. Sie ist Mitglied der Ausschüsse für Volkswohlfahrt und Wirtschaft und leitet in dieser Wahlperiode den Ausschuß für das Flüchtlingswesen.

Auch im ersten gewählten Schleswig-Holsteinischen Landtag ist Anni Krahnstöver bis zum Februar 1948 vertreten, als sie in den Zwei-Zonen-Wirtschaftsrat in Frankfurt gewählt wird. Auf der Liste der deutschen Delegierten für den Europarat steht sie an 1. Stelle der StellvertreterInnen.

Bei der Bundestagswahl 1949 gelingt es Anni Krahnstöver als Abgeordnete des Wahlkreises Pinneberg direkt in den Bundestag gewählt zu werden. Sie wird Mitglied des Bonner Fraktionsvorstandes und auf dem Düsseldorfer Parteitag 1949 als vierte Frau in den Bundesparteivorstand der SPD gewählt. Als Sachverständige ihrer Fraktion ist sie in allen mit Vertriebenenproblemen befaßten Parlamentsausschüssen tätig, leitet den Kontrollausschuß für Soforthilfe und sitzt als einzige Frau im Vermittlungsausschuß zwischen Bundestag und Bundesrat.

Nach ihrer Scheidung und der Heirat mit dem stellvertretenden Bundesvorsitzenden der SPD, Wilhelm Mellies, verläßt sie den Parteivorstand der SPD und verzichtet auch auf eine Wiederwahl in den Bundestag. Offenbar wurde ihr dies nahegelegt, da Ehepaare in (so hohen?) Partei- bzw. Parlamentsämtern nicht gern gesehen wurden. So findet ihre vielversprechende politische Karriere ein jähes Ende, und es gibt Hinweise, daß Anni Krahnstöver mit dieser Entwicklung keineswegs glücklich war.

Sie arbeitet jedoch bis zu ihrem Tod im Frauenausschuß ihrer Partei mit sowie in der Arbeiterwohlfahrt und beteiligt sich auch bei öffentlichen Veranstaltungen weiterhin aktiv an der politischen Arbeit.

Am 27.7.1961 stirbt Anni Mellies-Krahnstöver in ihrer Bonner Wohnung an einem Herzschlag. (mzo)

DR. ELLY LINDEN
* 25.04.1895 Plaue/Thüringen
† 23.01.1987 Lübeck

Dr. Elly Linden, geb. Brodführer, wird am 25.4.1895 in Plaue/Thüringen als einziges Kind des Stat. Assistenten Hans Markus Brodführer, der bereits 1902 im Alter von 42 Jahren stirbt, geboren. Sie wächst bei der Großmutter mütterlicherseits in Weimar auf, an der sie mehr als an der Mutter hängt. Nach dem Besuch des Oberlyzeums (1907-1911) absolviert sie von 1911 bis 1915 eine Volksschullehrerin Ausbildung in Erfurt und ist dort anschließend ein Jahr als Lehrerin tätig. 1917 macht sie das Abitur und studiert Philologie, Geschichte, Geographie und Pädagogik in Jena, Göttingen und Marburg. 1921 promoviert sie zum Dr. phil. und legt das Staatsexamen für das Lehramt an höheren Schulen ab. Sie übt eine Lehrtätigkeit am Lyzeum aus und besteht die Studienassessor-Prüfung. Von 1921 bis 1923 studiert Elly Linden Wirtschaftswissenschaften in Berlin, dieses Studium schließt sie 1923 mit dem Diplom der Handelslehrerin ab.

Am 1. April 1923 tritt sie an der Öffentlichen Handelslehranstalt in den Lübeckischen Staatsdienst. Sie unterrichtet an der Höheren Handelsschule, in der Handelsschule und in den Klassen der Abteilung für weibliche Lehrlinge u.a. Wirtschaftsgeographie und Volkswirtschaftslehre. Durch ihr freundliches, aber bestimmtes Auftreten und durch ihre umfangreichen Fachkenntnisse, die sie gut darzubieten weiß, wird sie von Schülerinnen und Kollegen gleichermaßen geachtet.

Ihre gerade begonnene schulische Karriere gibt sie aber nach ihrer Eheschließung auf. Im August 1925 heiratet sie Dr. Wilhelm Linden, der aus Offenbach nach Lübeck gekommen und seit dem 1. April 1922 als Studienrat an der Handelsschule tätig ist. Bereits im Herbst des gleichen Jahren vertritt Elly Linden für einige Wochen ihren erkrankten Mann im Schuldienst; in den folgenden Jahren arbeitet sie zudem als Dozentin an der Volkshochschule in der Erwachsenenbildung.

Während ihr Mann keiner politischen Partei angehört, tritt Elly Linden 1926 oder 1927 der SPD bei und arbeitet hier von 1927 bis 1933 als Referentin für Frauenarbeit. In der Zeit des Nationalsozialismus zieht sie sich aus der Politik zurück.

Die Ehe mit Dr. Wilhelm Linden, der einen Sohn (geb. 1914) aus erster Ehe hat, bleibt kinderlos. 1938 erkrankt Elly Lindens Mann an einem schweren Herzleiden, er wird im folgenden Jahr vorzeitig in den Ruhestand geschickt. Seiner Krankheit ist er 1950 im Alter von 63 Jahren erlegen.

1946 tritt Dr. Elly Linden wieder der SPD bei, für die auch ihr Mann bei der Kommunalwahl 1948 in Lübeck kandidiert. Während des Kommunalwahlkampfes im Herbst 1946 engagiert sie sich als Referentin in den verschiedenen Lübecker SPD-Frauengruppen. Aus dieser Aktivität resultiert offenbar ihre ehrenamtliche Mitgliedschaft im Kulturausschuß der Stadt von 1946 bis 1948. Von 1959 bis 1962 ist sie zudem Mitglied des Finanzausschusses der Hansestadt. Hier strebt sie aber kein Mandat an, weil sie Ämterhäufung ablehnt und sich ganz ihrer Arbeit im Landtag widmen will.

Als SPD-Kandidatin im Wahlkreis Lübeck I hält sie während des ersten Landtagswahlkampfes 1947 Vorträge über Themen wie „sozialistische Erziehung", „Elternbeirat und Schulreform" und „Die Frau und ihre Gegenwartsaufgaben." Mit dem in Lübeck 1947 gewonnenen Mandat beginnt eine zwanzigjährige Abgeordnetentätigkeit; mit fünf Legislaturperioden gehört Dr. Elly Linden nach Annemarie Schuster (CDU) am längsten von allen weiblichen Abgeordneten dem Landtag an.

1950 und 1954 kandidiert sie im Wahlkreis Lübeck-Süd, kommt aber durch den Listenplatz 5 in den Landtag. 1958 und 1962 gewinnt sie ihren neuen Wahlkreis Lübeck-Nord direkt.

Während ihrer langjährigen Abgeordnetentätigkeit widmet sich Elly Linden vor allem der Bildungspolitik. Sie setzt sich für die Schulgeld- und Lernmittelfreiheit sowie für die Einführung der sechsjährigen Grundschulzeit ein, von der sie sich eine Aufhebung der noch bestehenden Klassenschranken verspricht. Im Wahlkampf 1947 formuliert sie als Ziel: „Wie wollen eine Schule schaffen, die auf der Grundlage der sozialen Gerechtigkeit freie Persönlichkeiten erzieht." (LFP 19.4.1947) Von 1949 bis 1950 ist sie die parlamentarische Vertreterin des Ministers für Volksbildung, Wilhelm Siegel.

Außer im Volksbildungs- und Erziehungsausschuß sitzt Elly Linden im Ausschuß für Gesundheitswesen, im Innensowie im Aufbauausschuß. Von 1954 bis 1962 arbeitet sie im Finanzausschuß mit; ab 1962 kümmert sie sich im Agrarausschuß um Verbraucherfragen.

Im September 1949 wird sie zum Mitglied der Bundesversammlung gewählt; von 1950 bis 1954 ist sie Mitglied im Landesausschuß für Landesplanung.

Für ihre langjährige Arbeit wird sie im Dezember 1965 mit dem Bundesverdienstkreuz Erster Klasse ausgezeichnet.

Nach ihrem Ausscheiden aus dem Landtag lebt Dr. Elly Linden einsam, zurückgezogen und lange kränkelnd in ihrem Lübecker Haus in der Goethestraße. Am 23. Januar 1987 ist sie 91jährig gestorben. (sji)

EMMY LÜTHJE

* 23.08.1895 Lübeck
† 05.02.1967 Kiel

Emmy Lüthje, geb. Amter, wird am 23. August 1895 in Lübeck als Tochter eines Kaufmanns geboren. Ihre Jugend verlebt sie in Bergedorf. Sie besucht das Lyzeum, läßt sich 1913/14 an einer privaten Chemieschule zur pharmazeutischen Assistentin ausbilden und arbeitet während des Ersten Weltkrieges als Laborantin.

1919 heiratet sie den aus einer alten Kieler Familie stammenden Kaufmann Hermann Lüthje und gibt vermutlich ihre Berufstätigkeit auf. Die Kinder, ein Mädchen und ein Knabe, werden 1930 und 1936 geboren.

Von 1926 bis 1933 ist Emmi Lüthje 2. Vorsitzende des Kieler Hausfrauenbundes, den sie am 1.3.1946 in Kiel wieder ins Leben ruft. In der Folgezeit ist sie an der Neugründung von Ortsverbänden in Schleswig-Holstein maßgeblich beteiligt und wird 1949 zur Landesvorsitzenden des Hausfrauenbundes gewählt. Im selben Jahr wird sie auch Bundesvorsitzende des Deutschen Hausfrauenbundes, zu dessen Gründung sie nach Eutin einlädt. Dieses Amt hat sie bis 1952 inne.

1946 tritt Emmy Lüthje, wie auch ihr Mann, in die CDU ein. Obwohl Hermann Lüthje ebenfalls politisch tätig ist, nämlich als Stadtrat in Kiel, steht er stets im Schatten seiner äußerst kommunikativen Frau, die immer ein offenes Haus führt. Dort verkehren neben PolitikerInnen andere interessante Menschen wie z.B. der Wunderdoktor Gröning, der bei den Lüthjes in der Esmarchstraße eine Probe seines Könnens vorführen darf, oder der Kieler Karnevalsverein, der Emmy Lüthje 1954 bei der *„karnevalistischen Fortsetzung einer Landtagssitzung"* in ihrer

Wohnung den Orden „Amici Laetitiae" verleiht.

Bei der ersten Kommunalwahl bewirbt sie sich um einen Sitz in der Kieler Ratsversammlung, scheitert aber. Daraufhin schlägt die CDU sie als einzige Frau für den zweiten ernannten Landtag vor, wo sie Vorsitzende des Ausschusses für Gesundheitswesen wird, den stellvertretenden Vorsitz im Ausschuß für das Flüchtlingswesen übernimmt und darüber hinaus als Mitglied in den Ausschüssen für Volksbildung und Erziehung und für Volkswohlfahrt sowie im Sonderausschuß „Sylt" wirkt.

Bei der Landtagswahl 1947 gewinnt sie den Wahlkreis 18 (Kiel Mitte) – wie auch bei den folgenden beiden Wahlen – direkt. Wiederum ist sie Mitglied in den Ausschüssen für Flüchtlings- und Gesundheitswesen sowie im Untersuchungsausschuß „Möwenhaus". Zur 2. Schriftführerin bestellt, meldet sie sich in den Sitzungen dieser Wahlperiode kaum zu Wort. Schon nach fünf Monaten erfährt ihre Abgeordnetentätigkeit eine jähe Unterbrechung: Die Militärregierung untersagt ihr am 20.10.1947 für sechs Monate jegliche politische Aktivität – wegen *„gewisser Äußerungen"*, wie es ohne nähere Erläuterungen in dem Schreiben an den Landtagspräsidenten Karl Ratz heißt. Dessen Bitte um ein Gespräch in der Angelegenheit wird vom Gouverneur abgelehnt. Die Diätenzahlungen werden eingestellt, bis Emmy Lüthje am 19.3.1948 ein Schreiben erhält, daß sie vor Ablauf der Frist ihre politische Arbeit wieder aufnehmen darf. Sie selbst sagt dazu: *„Ich erhielt das Verbot, weil ich mich restlos, kompro-*

mißlos und ohne Furcht für die Belange der Heimatvertriebenen und meiner einheimischen Mitbürger einzusetzen wagte." (KN 5.7.1950). In dieser Wahlperiode, in der als zweite CDU-Abgeordnete Ilse Brandes aus Lübeck hinzukommt, wird sie von deren Aktivitäten im Parlament übertroffen und profiliert sich weder im Plenum noch in der Ausschußarbeit durch Wortmeldungen. Dennoch wird sie im Wahlkampf 1954 als *,,überzeugte Sozialpolitikerin"* bezeichnet. Dies ist zweifellos auf ihre vielfältigen außerparlamentarischen Tätigkeiten zurückzuführen, die sie im ganzen Land bekannt machen.

1950 zieht Emmy Lüthje als einzige Frau für die CDU in den Landtag ein, arbeitet wiederum in ,,frauentypischen" Ausschüssen mit, nämlich denen für Volkswohlfahrt, Gesundheitswesen, Heimatvertriebene und im Eingabenausschuß. Außerdem ist sie Mitglied des Landesausschusses für Entnazifizierung.

Zu Beginn dieser Wahlperiode gelingt es Emmy Lüthje und ihren Mitstreiterinnen Gerda Grehm, Frauenreferentin beim CDU-Landesverband, und Liane Haskarl, die für die DP kandidiert hat, mit der Einstellung bzw. Ernennung von Frauenreferentinnen in fünf Ministerien einen politischen Erfolg für die Frauen zu erzielen.

Im neugegründeten Landesfrauenrat, dem sie als Landtagsabgeordnete ohnehin – allerdings ohne Stimmrecht – angehört, vertritt sie zudem den Hausfrauenbund.

1952 stellt Emmy Lüthje Telse Kuntsche als ihre Sekretärin ein, die in den Abend- und Nachtstunden die vielfältigen Schreibarbeiten übernimmt, die sich vor allem aus ihren Verbandsaktivitäten ergeben. Frau Kuntsche erledigt diese Arbeiten bis zu Emmy Lüthjes Tod.

Nach der Landtagswahl 1954 wird sie Vorsitzende des Eingabenausschusses und übernimmt den stellvertretenden Vorsitz in dem während der Legislaturperiode geteilten Ausschuß für Gesundheit und Volkswohlfahrt. Außerdem arbeitet sie in den Ausschüssen für Heimatvertriebene und für Arbeit und Aufbau mit. 1949 und 1954 wird Emmy Lüthje zum Mitglied der Bundesversammlung gewählt.

Persönliche Differenzen mit der zunächst stellvertretenden, seit 1952 ersten Vorsitzenden des Hausfrauenbundes, Fini Pfannes, führen Anfang 1955 zum Bruch Emmy Lüthjes mit ihrem Verband. Andere Interpretationen gehen dahin, daß ihr die Arbeit des Hausfrauenbundes nicht genug auf staatsbürgerliche Bildung ausgerichtet gewesen sei, was allerdings für Emmy Lüthje kein Hinderungsgrund ist, auf Rache zu sinnen, wie der SPIEGEL in einem umfangreichen Artikel über die Kontrahentin vermerkt (Nr. 51, 14.12.1955).

Gemeinsam mit ihrer langjährigen Sekretärin Telse Kuntsche macht sie sich an die Arbeit, einen neuen Verein zu günden, die Hausfrauen-Union. Den Bundesvorsitz dieses Konkurrenzverbandes, der außerhalb Schleswig-Holsteins offenbar nur über eine weitere Ortsgruppe verfügt, übernimmt sie im März 1955. Wie energisch Emmy Lüthje dabei vorgeht und welche Energie sie in die Gründung des neuen Vereins steckt, ist bemerkenswert und belegt den von vielen Zeitgenossen bestätigten Eindruck, daß sie *„immer die Erste sein mußte"*.

Nach einem Bericht ihrer Mitarbeiterin über diese arbeitsintensive Zeit nahmen sie das Telefonbuch, suchten in den Orten, wo der Hausfrauenbund noch nicht vertreten war, (*„E.L. wollte keineswegs den von ihr aufgebauten Verband kaputtmachen."*), und riefen ein Lokal an, in dem eine Versammlung stattfinden konnte. Nachdem ein Termin dort vereinbart war, setzten sie eine Veranstaltungsankündigung in die örtliche Zeitung. Emmy Lüthje war klar, daß es nicht leicht sein würde, Frauen auf die Beine zu bekommen. Daher schrieben sie eine große Zahl von Firmen an mit der Bitte um Proben von Waschmitteln, Seife, kleinen Dingen des täglichen Bedarfs einer Hausfrau, die bei den Veranstaltungen verteilt werden konnten. Die Gegenleistung war, daß eine große Zahl von Frauen mit den Produkten vertraut gemacht werden konnte sowie mit dem Hersteller, der eine Information über die Firma mitlieferte, die als kleiner Vortrag, vorgelesen oder in freier Rede an die Anwesenden weitergegeben wurde.

Die Besucherinnen der „Pilotveranstaltung" wurden zu einer zweiten Veranstaltung in ihrem Ort persönlich angeschrieben und gebeten, weitere Frauen mitzubringen. So schnell wie möglich wurde dann die Organisation vor Ort an eine Teilnehmerin abgegeben. Dennoch ließ Emmy Lüthje es sich nicht nehmen, möglichst alle Veranstaltungen persönlich zu besuchen. Auf diese Weise wurden ca. 20-25 Ortsgruppen gebildet, die hinsichtlich der mit den Firmengeschen-

ken verbundenen Organisation (Anlieferung zum rechten Zeitpunkt an den Ort des Geschehens) von Kiel aus, also von Frau Kuntsche, verwaltet wurden. Wenn die Proben aus irgendeinem Grund einmal ausfielen oder nicht ausreichten, kam es auch schon mal vor, daß Emmy Lüthje auf eigene Kosten einkaufen ging. Im übrigen wurde diese für viele Firmen attraktive Werbetätigkeit, die in den von der Hausfrauen-Union organisierten Ausstellungen für die Verbraucherin ihre Höhepunkte fanden, schnell auch honoriert.

1958 erfährt Emmy Lüthje eine schwere politische Niederlage, als sie „ihren" Wahlkreis, den sie seit 1947 immer in direkter Wahl gewonnen hat, an den jüngeren Dr. Arthur Schwinkowski abtreten muß.

Im November desselben Jahres überreicht Ministerpräsident von Hassel ihr in ihrer Wohnung in der Esmarchstraße in Anwesenheit zahlreicher Persönlichkeiten der politischen Öffentlichkeit das Bundesverdienstkreuz Erster Klasse in Anerkennung ihrer unermüdlichen Arbeit zum Wohle des Landes seit Kriegsende.

Dies mag für viele als Schlußpunkt der politischen Arbeit Emmy Lüthjes gelten, sie selbst aber hat durchaus noch die – vergebliche – Hoffnung, über die Landesliste in den Bundestag nachrücken zu können, für den sie bereits 1949, 1953 und 1957 an aussichtsloser Stelle kandidiert hat.

So überrascht es ihre Parteikollegen entgegen offizieller Verlautbarungen vermutlich doch, als die mittlerweile

34

66jährige am 23. August 1961 anläßlich einer Veranstaltung der Hausfrauen-Union, bei der mit dem Bundesvorsitzenden der FDP, Dr. Erich Mende, über Verbraucherfragen gesprochen wird, ihren Übertritt zur FDP erklärt. Alle Vorstandsmitglieder der Hausfrauen-Union tun es ihr gleich; den Austritt aus der CDU zeigt sie dem Landesvorsitzenden von Hassel telegraphisch an. Tags darauf erklärt auch ihr Mann seinen Austritt.

Von einer persönlicheren Begründung für ihren Austritt aus der CDU weiß Dr. Hessenauer zu berichten, dem gegenüber Emmy Lüthje äußert hat, sie könne nicht in einer Partei bleiben, deren Vorsitzender öffentlich Vorurteile gegen uneheliche Kinder in die Welt setze – gemeint sind Äußerungen Adenauers über Willi Brandt. Wenn dies auch nicht der ausschlaggebende Grund gewesen sein mag, so entspricht der Vorgang selbst doch Emmy Lüthjes Neigung zu dramatischen Auftritten.

Wie die Kieler Nachrichten am 24.8. 1961 berichten, bittet Dr. Mende seine neue Parteifreundin, im Arbeitskreis Wirtschaftspolitik der FDP-Bundestagsfraktion mitzuarbeiten und dort die Erfahrungen ihrer langjährigen Tätigkeit für die Fraktionsarbeit nutzbar zu machen. Für eine Kandidatur für die Bundestagswahl 1961 dürfte es allerdings zu spät gewesen sein. Schon im Februar 1962 teilt sie dann aber dem FDP-Landesvorsitzenden, Justizminister Dr. Leverenz, ihren Austritt aus der Partei mit – aus Enttäuschung über Herrn Mende, wie der Spiegel zu berichten weiß.

Was sich scheinbar so vielversprechend anließ, erweist sich nun doch nicht

als Beginn einer neuen Karriere, wobei wir nicht wissen, ob Emmi Lüthje eine solche wirklich im Auge hatte oder ob nicht eher das Gefallen daran, wieder einmal „hofiert" zu werden, im Vordergrund stand. „Die Kaiserin kommt!" Und man stand auf und klatschte, wenn Emmy Lüthje den Raum betrat, berichten Mitstreiterinnen aus jenen Jahren. Diese Schilderung aus ihrer Verbandsarbeit steht doch in einigem Widerspruch zu dem volkstümlichen Image, welches ihr in den Presseveröffentlichungen zugeschrieben wird: „Emmy, hau rin!" soll in der Nachkriegszeit ein geflügeltes Wort geworden sein. (KN 11.8.1966) Möglicherweise ist dies zu erklären aus dem sich in ihrer Arbeit vollziehenden Wandel vom Zupacken auf dem Bahnhof, um die ersten Flüchtlinge mit Verpflegung und Zuspruch zu versorgen, zum Repräsentieren der politisch engagierten Frau in Partei- und Verbandsarbeit.

Von Zeitgenossen als stattliche Frau und temperamentvolle Rednerin geschildert, schreckt sie offenbar dennoch nicht vor dem Einsatz „weiblicher Waffen" zurück und beginnt „schon mal in der Fraktion zu weinen, wenn sie sich nicht durchsetzen kann", erinnern sich Parlamentskollegen. Vermutlich hat dieses Verhalten parteiintern nicht gerade zum Image der „Vollblutpolitikerin" beigetragen, als die sie Außenstehende schildern: „Sie verstand es auch, nicht nur im parlamentarischen Raum mit Florett, gegenüber ‚harten Männern' auch mit Säbeln zu kämpfen." (KN 9.8.1966) Die Presse begleitet „Emmys" Lebensweg u.a. anläßlich ihrer 65. und 70. Geburtstage auch weiterhin, nicht ohne stets ihre

Tierliebe zu erwähnen, die nun stärker in den Vordergrund gestellt wird.

Im Herbst 1966 verläßt Emmy Lüthje Kiel, um mit ihrem kranken Mann nach Bad Pyrmont zu ziehen. Den Vorsitz der Hausfrauen-Union, dessen Geschäftsführung sie bei ihren Mitarbeiterinnen Inge Alwes und Telse Kuntsche in guten Händen weiß, behält sie weiterhin.

Am 5. Februar 1967 stirbt Emmy Lüthje in einem Kieler Krankenhaus. Unter großer Anteilnahme der Kieler Bevölkerung und in Anwesenheit von drei Kabinettsmitgliedern sowie zahlreicher Persönlichkeiten des politischen und öffentlichen Lebens findet der Trauergottesdienst in der Nikolaikirche in Kiel statt. (mzo)

DORA MÖLLER

* 16.10.1894 Rehorst i.H.
† 02.11.1981 Lübeck

Dora (Dorothea) Möller, geb. Schomann, wird am 16. Oktober 1894 in Rehorst i.H. geboren. Mit drei Geschwistern wächst sie in einer sozialdemokratischen Tagelöhner-Familie auf.

1919 heiratet sie Johannes Möller und tritt in die SPD ein.

Als im selben Jahr das Frauenwahlrecht eingeführt wird, muß sie sich das Recht, in Lübeck wählen zu dürfen, noch kaufen.

Als Jugendgruppenleiterin bei den Falken kümmert sie sich um verwahrloste Kinder. Sie ist Mitglied der Arbeiterwohlfahrt und jahrelang im Aufsichtsrat

der Konsumgenossenschaft vertreten. Mit Willy Brandt zusammen spielt sie in einer Lübecker Laienspielgruppe in dem Stück ,,Hans Urian geht nach Brot".

Bei der Machtübernahme Hitlers hängt Dora Möller die sozialdemokratische Fahne aus dem Fenster. 1935 wird ihr Mann inhaftiert. Dora Möller schreibt an den Gauleiter Hildebrand: ,,*Warum er und nicht ich?*" Als der Gauleiter nicht antwortet, wendet sie sich an Göring, und ein Vierteljahr später ist ihr Mann frei. 1944 stirbt Johannes Möller.

Am 17. Mai 1945 ist Dora Möller schon wieder unterwegs für die Partei, hat ,,*überall schon ihre Nase drin*", kümmert sich besonders um die Jugendlichen, begleitet Kindertransporte, Zeltlager für Jugendliche, ist nie zu Hause. Ihren Kindern erklärt sie: ,,*Du brauchst keine Hilfe, aber die brauchen Hilfe.*"

Ihr Sohn nennt seine Mutter eine hundertzehnprozentige Sozialdemokratin. Nach dem Krieg pflegt sie mit Annedore Leber enge Kontakte. Julius Leber und der Chefredakteur des ,,Volksboten" Sollnitz waren für sie bewunderungswürdige Sozialdemokraten.

Ob Dora Möller als SPD-Mitglied in den Landtag berufen wird oder ,,als Frau" ihres sozialen Engagements wegen, ist nicht gewiß. Sie arbeitet im ersten ernannten Landtag im Ausschuß für das Gesundheitswesen. Als sie nicht in den zweiten ernannten Landtag zurückkehrt, widmet sie sich wieder mit Engagement kommunalpolitischen Belangen (Holstentor-Süd) und wohnt jeder Ortsvereinssitzung bis zum Schluß bei. Sie verfolgt stets alle Bundestagsdebatten und definiert ihr politisches Selbstverständnis nicht über Frauen. Die Frauengruppen sind ihr immer zu unpolitisch, wenngleich sie daran teilnimmt. Im Grunde ist sie zeitlebens ein ,,Juso", urteilen ihre politischen Ziehtöchter in Lübeck heute. Dennoch leidet sie darunter, daß gerade nach dem Krieg die Frauen sich am wenigsten politisch betätigen: *,,Ihr dürft doch nicht alles den Männern überlassen!"*

Ihren Kindern legt sie das Buch ,,Krieg ist das Schlimmste, was es gibt" ans Herz, wie sie überhaupt stets Bücher aus dem eigenen Bestand verschenkt, damit sie weitergelesen werden und nicht in ihrem Schrank verstauben.

Dora Möller, die bis zu ihrem Tod am 2. November 1981 ein politischer Mensch bleibt, gilt der nachfolgenden Lübecker Frauengeneration als politisches Vorbild. (mzo)

AGNES NIELSEN
* 18.10.1894 Preetz
† 16.05.1967 Kiel

Agnes Nielsen wird 1894 in Preetz geboren. In den 20er Jahren ist sie in Kiel Fürsorgerin. Zunächst soll sie Mitglied der SPD gewesen sein, dann Mitglied des ,,Bundes der Freunde der Sowjetunion". Ob sie schon 1929 für die KPD bei den Wahlen zur Stadtverordnetenversammlung kandidiert oder erst nach der nationalsozialistischen Machtergreifung in die KPD eingetreten ist, deren seit Ende 1932 erscheinende Zeitung ,,Arbeiterwelt" sie verteilt, konnte nicht geklärt werden. 1933 erhält sie als Fürsorgerin Berufsverbot. Nach der Verhaftung des Kieler KPD-Unterbezirksleiters Christian Heuck und dessen kurzfristige Ersetzung durch Rudolf Schlarbaum und Max Sens übernimmt ab Ende Juli 1933 Agnes Nielsen zusammen mit Walter Dobratz und Karl Gerlach die Führung der illegal arbeitenden KPD; damit ist sie maßgeblich an der Herstellung und Verteilung der ,,Arbeiterwelt" beteiligt. Als im September und Oktober 1933 zahlreiche KPD-Mitglieder von der Gestapo verhaftet werden, wird auch Agnes Nielsen festgenommen und im März 1934 zu 21 Monaten Gefängnis verurteilt. Nach der Haft nimmt sie weiterhin an informellen Treffen der KPD teil, wie Spitzelberichte über sie aus den Jahren 1938 und 1941/42 belegen. Diese Treffen werden teilweise als Skatabende getarnt; außerdem hat Agnes Nielsen Kontakte nach Hamburg und Dänemark.

Bereits am 6. Mai 1945 ist Agnes Nielsen als Protokollführerin an der Eröffnungssitzung des vorbereitenden Komitees zur Bildung der freien Gewerkschaften in Kiel beteiligt. Als sich am 1. Juni 1945 auf einem Treffen der Kieler Gewerkschaftsvertreter und Repräsentanten der früheren SPD und KPD der sogenannte Erweiterte Ausschuß bildet, übernimmt sie zusammen mit Gertrud Völcker die Leitung des Ausschusses für Frauenfragen, der später zum ,,Sozialausschuß" erweitert und gegen Jahresende von der Stadt unter der Leitung Bernhard Karges (KPD) übernommen wird. Beide Frauen arbeiten in der Geschäftsstelle zur Vorbereitung politischer Wiedergutmachung.

Das Engagement Agnes Nielsens für die Belange der Frauen wird im Kommunalwahlkampf im September 1946 deutlich; sie hält u.a. in Rendsburg Vorträge über die Entwicklung der sozialen Stellung der Frau und erhebt die Forderung nach ihrer Gleichstellung im wirtschaftlichen und öffentlichen Leben.

Im Februar 1946 wird sie Mitglied des ersten ernannten Landtages, aber bereits nach der zweiten Sitzung am 13.3.1946 gibt sie ihr Amt auf, weil sie ihre berufliche Stellung als Regierungsrätin im Amt für Volkswohlfahrt beim Oberpräsidenten beibehalten will. Am 12. April 1946 wird Agnes Nielsen zusammen mit Bernhard Karge auf einer KPD-,,Parteiaktivtagung" zur Delegierten des KPD-Parteitages vom 21./22. April gewählt, auf dem die Fusion von KPD und SPD zur SED vollzogen wird.

Auf der Kieler Gründungsversammlung der ,,Vereinigung der Verfolgten des Naziregimes" (VVN) erfolgt am 19. August 1946 ihre Wahl zur Ehrenvorsitzenden, weil sie sich vom ersten Tag der Kapitulation an für die Interessen der ehemaligen politischen Häftlinge eingesetzt habe. Im Auftrag der Landesregierung legt sie im September 1947 bei einer Gedenkfeier für die Opfer des Nationalsozialismus auf dem Kieler Friedhof Eichhof einen Kranz nieder.

Unklar ist, ob sie Ende der 40er Jahre aus der KPD ausgeschlossen wird oder ob sie austritt, um ihre Stellung als Sozialreferentin zu behalten. Später tritt sie in die SPD ein, aus der sie 1961 wegen ihrer Mitgliedschaft in der Deutschen Friedens-Union (DFU) ausgeschlossen wird. 1962 kandidiert sie in Kiel bei den Kommunalwahlen unter der Berufsbezeichnung ,,Sozialreferentin i.R." für die DFU. Agnes Nielsen ist 1967 in Kiel gestorben. (sji)

DR. LENA OHNESORGE

* 17.07.1898 Prenzlau/Uckermark
† 12.08.1987 Lübeck

Dr. Lena Ohnesorge, geb. Voß, wird am 17.7.1898 als zweites von fünf Kindern des Böttchermeisters und Essigfabrikanten Richard Voß in Prenzlau/ Uckermark geboren. Als der Vater bereits 1912 stirbt, führt die energische Mutter Elise Auguste, geb. Müller (1870-1951), die als Zwanzigjährige den Beruf der Reichsbahnsekretärin ausgeübt hat, den Betrieb weiter.

In ihrem Elternhaus wird Lena Ohnesorge nach den preußischen Grundsätzen der Pflichterfüllung, der Sparsamkeit und der Arbeitsfreude erzogen. Bereits in der Kindheit wird ihr politisches Interesse dadurch geweckt, daß die Mutter dem Vater nach dessen Erblindung die Zeitung vorliest. Entscheidend für ihr späteres politisches Engagement dürfte aber gewesen sein, daß bereits ihr Vater aktiver Kommunalpolitiker war und ihre Mutter nach Einführung des Frauenwahlrechts 1919 für die DDP ins Stadtparlament von Prenzlaus einzog, was damals als kleine Sensation galt. Geprägt wird sie auch durch die Ereignisse des Ersten Weltkrieges, der Revolution und Inflation; ihr Bruder Erich (geb. 1903) wird während des Kapp-Putsches 1920 als unbeteiligter Passant erschossen.

Lena Ohnesorge besucht zunächst von 1905 bis 1914 die Höhere Töchterschule, dann das Oberlyzeum in Prenzlau, das sie 1917 mit der Lehrerinnenprüfung abschließt. 1918 besteht sie in der Stettiner Studienanstalt die Abiturprüfung. Von 1918 bis 1923 studiert sie Medizin und besucht volkswirtschaftliche Vorlesungen in Berlin, Marburg, Würzburg, Innsbruck, Greifswald, Berlin und Kiel; in Kiel legt sie ihr medizinisches Staatsexamen ab und promoviert im Juni 1923 zum Dr. med. mit einer sozialhygienischen Arbeit über Mumps in Kieler Schulen. Ihre praktische Ausbildung absolviert sie von 1923 bis 1925 im Kreiskrankenhaus Prenzlau und im Kinderkrankenhaus Berlin.

1924 heiratet Lena Voß den Arzt Dr. Ohnesorge, den sie am Prenzlauer Krankenhaus kennengelernt hat. Obwohl die Krankenkassen insbesondere gegenüber verheirateten Ärztinnen die Vergabe der

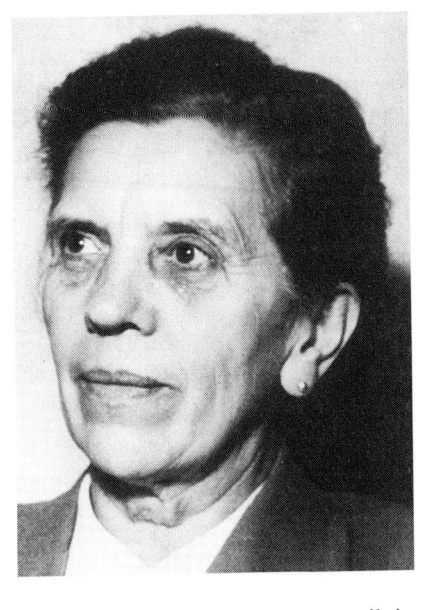

kassenärztlichen Zulassung restriktiv handhaben, kann sie als Kassenärztin praktizieren, weil ihr Mann auf die Kassenzulassung verzichtet, da er bereits einen großen privatärztlichen Patientenkreis hat. 1925 wird der Sohn Friedrich Karl geboren, 1927, 1932 und 1934 folgen die Töchter Ina, Gerta und Karin. Nach dem Tod eines fünften Kindes, das kurz nach der Geburt im Krieg stirbt, nimmt sie 1945 den Freund ihres Sohnes als Pflegekind in die Familie auf. Der Haushalt der Ohnesorges hat großbürgerlichen Zuschnitt: eine Hausdame, ein Hausmädchen, eine Kinderfrau und eine Waschfrau entlasten die Ärztin von der Hausarbeit.

Ab 1927 übt Lena Ohnesorge eine Nebentätigkeit als Vertragsärztin der Provinzialverwaltung in einer Fürsorgeanstalt für ca. 150 Mädchen und einer Pflege- und Siechenanstalt aus. Dieses Amt macht sie mit dem ganzen Elend dieser Randgruppen der Gesellschaft bekannt und begründet ihr späteres sozialpolitisches Engagement. Sie betreut zudem schwangere Mädchen in einem Entbindungshaus und während des Krieges Land- und Stadtstreicher in einem sogenannten Wandererheim. Während des Krieges werden die Bewohner des Siechenheims höchstwahrscheinlich Opfer des nationalsozialistischen Euthanasieprogramms; ihren plötzlichen Abtransport können die Ärzte nicht verhindern.

Als Lena Ohnesorges Mann 1939 zur Wehrmacht eingezogen wird, führt sie beide Praxen allein weiter. Durch die ärztliche Betreuung adliger Familien im Umkreis Prenzlaus bekommt sie losen Kontakt zu Widerständlern des 20. Juli 1944; als entschiedene Gegnerin Hitlers unterstützt sie die aus der Sippenhaft entlassenen Familienangehörigen des hingerichteten Ulrich-Wilhelm Graf Schwerin zu Schwanenfeld und setzt sich auch für eine Jüdin ein, die in Prenzlau Zwangsarbeit leisten muß.

Als die Flüchtlingstrecks aus dem Osten eintreffen, macht sie ab Januar 1945 jede Nacht Notdienst in den Flüchtlingsquartieren. Ende April flieht sie mit ihrer Familie zunächst nach Mecklenburg; nach mehreren Zwischenstationen kommt sie im Juni 1945 nach Lübeck.

Hier baut sie aus dem Nichts eine neue Praxis in der Musterbahn 1 auf, die sie bis zur Übernahme ihres Ministeramtes im Oktober 1957 allein führt.

Ihr Ehemann, der 1946 aus englischer Kriegsgefangenschaft zurückkehrt, kann aufgrund seiner Verwundung nicht mehr als Arzt tätig werden. Er stirbt 1953.

Durch das Erleben des Flüchtlingselends wird Dr. Lena Ohnesorge politisch aktiv. Sie schreibt viele Briefe an Behörden und Institutionen und versucht die materielle Not der Flüchtlinge zu lindern, Wohnraum, Kleidung und Nahrung zu beschaffen. Am 30. Januar 1946 schickt sie an den Oberpräsidenten der Provinz Schleswig-Holstein eine Denkschrift mit dem Titel ,,Gedanken über das Flüchtlingsproblem", in der sie rigorose Maßnahmen zur Milderung der Flüchtlingsnot fordert, wie z.B. weitere Beschlagnahmungen von Wohnraum, von ungenutzten Möbelstücken und von Wäsche, die als Aussteuer gehortet wird. Darüber hinaus macht sie den Vorschlag, daß kleine Handwerksbetriebe um der Effektivität willen zusammengelegt werden sollten, daß jeder Meister einen zweiten, möglichst vertriebenen aufnehmen sollte, daß das weibliche Übergewicht im Personal der Apotheken abgebaut werde, damit wehrmachtsentlassene Soldaten und arbeitslose Männer hier wieder ihr Auskommen hätten. Von den Behörden werden ihre Forderungen abgelehnt, weil man einen zunehmenden Haß der Einheimischen befürchtet, der die Situation auch der Vertriebenen noch verschlechtert hätte.

Überzeugt davon, daß die Frauen der Welt Protest gegen jegliche Art von Kriegseinrichtungen erheben müßten, gründet Dr. Ohnesorge Mitte Mai 1947 in Lübeck eine Ortsgruppe der ,,Internationalen Frauenliga für Frieden und Freiheit", an deren Gründungsversammlung auch die Präsidentin der Britischen Sektion der Liga, Duncan-Harris aus London, und die deutsche Präsidentin, Magda Hoppstock-Huth, teilnehmen. Zuvor hat sie Anfang März auf Einladung des Demokratischen Frauenbundes den Deutschen Frauenkongreß für den Frieden in Berlin besucht. Aus der Frauenliga, deren Vorsitzende sie in Lübeck ist, tritt sie um 1950 herum wieder aus, als die Organisation im Zuge des Kalten Krieges in den Ruf gerät, eine kommunistische Tarnorganisation zu sein.

Im Januar 1950 gehört Dr. Ohnesorge zu den Gründungsmitgliedern des BHE, dessen Vorstand sie von 1950 bis 1958 angehört und für den sie bei den Landtagswahlen 1950 und 1954 im Wahlkreis Lübeck-Mitte direkt kandidiert. In den Landtag gelangt sie über den vierten bzw. sechsten Listenplatz ihrer Partei.

Zu Beginn der zweiten Legislaturperiode setzt sich Lena Ohnesorge dafür ein, daß Frauenreferentinnen in den Ministerien eingesetzt werden, die die Belange der Frauen bei der Gesetzgebung zur Geltung bringen sollen. Während ihrer Abgeordnetenzeit widmet sie sich, ihrer beruflichen Qualifikation entsprechend, im Ausschuß für Gesundheitswesen, deren Vorsitzende sie 1950 wird, und im Volkswohlfahrtsausschuß dem Aufbau eines modernen schleswig-holsteinischen Krankenhauswesens. Zudem ist sie maßgeblich an den schleswig-holsteinischen Kammergesetzen beteiligt.

Im Herbst 1951 kommt es zu einer kleinen Affäre, als der Ministerpräsident F.W. Lübke Lena Ohnesorge dafür rügt, daß sie als Vorsitzende des Gesundheitsausschusses ständig ihre Kompetenzen überschreite. Als ,,*Schrecken der Land-*

räte" sorgt sie nämlich bei ihren Besichtigungen in Flüchtlingslagern dafür, daß grobe Mängel in den gesundheitlichen Verhältnissen sofort abgeschafft werden. So setzt sie beispielsweise durch, daß sich Amtsärzte generell mehr um die Jugendlager kümmern.

Am 21. Oktober 1957 wird Lena Ohnesorge zu ihrer eigenen Überraschung vom Ministerpräsidenten Kai-Uwe von Hassel zur Sozialministerin ernannt, nachdem ihr Vorgänger Asbach wegen einer langen schwelenden Krise im BHE zurückgetreten ist. Damit ist Dr. Ohnesorge die erste Frau in einer schleswig-holsteinischen Landesregierung und die fünfte Frau in einem deutschen Länderkabinett. Aufgrund ihrer Sachlichkeit, ihrer Fairneß und ihres sozialen Verständnisses genießt sie das Vertrauen sämtlicher Landtagsfraktionen. Nur ungern trennt sie sich bei der Übernahme des Ministeramtes von ihrem Beruf als praktizierende Ärztin, den sie seit 33 Jahren ausübt.

Im Zusammenhang mit allgemeinen Auflösungserscheinungen des BHE, die bereits im Juli 1955 mit dem Austritt der Kraft-Oberländer-Gruppe aus der BHE-Bundestagsfraktion begonnen hat, verläßt Dr. Lena Ohnesorge am 20. September 1958 kurz vor der Landtagswahl ihre Partei. Sie stellt ihr Amt zur Verfügung, Ministerpräsident von Hassel entläßt sie jedoch nicht und behält sie als Sozialministerin auch in seinem zweiten Kabinett. Während ihre BHE-Kollegen sich vielfach der FDP anschließen, tritt Lena Ohnesorge im Oktober 1959 in die CDU ein, weil sie ihre Wirkungsmöglichkeiten in der FDP als zu gering einschätzt.

41

Bei der Landtagswahl am 23.9.1962 gewinnt sie für die CDU den Wahlkreis Lübeck-Mitte. Ihr Amt als Sozialministerin übt sie auch im Kabinett Lemke bis zum 8. Mai 1967 aus. Nach den Landtagswahlen vom 23.4.1967, bei denen sie nicht mehr kandidiert, tritt Otto Eisenmann (FDP) als Minister an ihre Stelle.

Als Ministerin erwirbt sie sich in weiten Kreisen die Achtung und Anerkennung, sowohl auf fachlichem als auch menschlichem Gebiet. Wegen ihrer Courage und ihrer Beharrlichkeit, mit der sie sich für den sozialen Wohnungsbau – insbesondere für große Familien und ältere Menschen – und für die Eingliederung der Vertriebenen engagiert, wird damals häufig von ihr gesagt, sie sei der einzige Mann im Kabinett. Aufgrund ihrer Sozialpolitik gilt sie in der CDU als ,,Linke", obwohl sie sich für heute so selbstverständliche Dinge wie die gesetzliche Kranken- und Altersvorsorge für Landwirte, für die Unfallvorsorge im Haushalt und Betrieb und für die Einrichtung von Sozialzentren auf dem Lande einsetzt.

Gerade den Randgruppen fühlt sie sich verpflichtet, so führt sie beispielsweise Förderschulen für die Spätaussiedler aus den ehemaligen deutschen Ostgebieten ein und setzt insbesondere in den 60er Jahren neue Akzente in der Altenpflege. Sie ist zudem eine leidenschaftliche Fürsprecherin gesamtdeutscher Kontakte. Die Abschottung der DDR durch die Regierung Honecker beklagt sie noch als 83jährige, denn eine ihrer Töchter lebt mit ihrer Familie in der DDR.

Als 1960 der Vertriebenenminister Oberländer aus dem Bundeskabinett aus-

scheidet, bittet Konrad Adenauer sie, ein Bundesministerium zu übernehmen, doch Lena Ohnesorge lehnt ab, öffentlich mit der Begründung, daß sie wisse, wo ihre Grenzen seien. Gegenüber einem langjährigen Freund, dem Diplomaten Ulrich Sahm, äußert sie aber nach der Rückkehr aus Bonn ihren Ärger darüber, daß Adenauer sie nur gebeten habe, ,,weil er eine Frau im Kabinett haben will".

Trotz dieser Absage reiht Konrad Adenauer sie in den ,,engsten Kreis seiner Mitarbeiter" ein, denn Dr. Ohnesorge ist auch auf Bundesebene präsent: seit 1957 amtiert sie als stellvertretendes Mitglied des Bundesrates, seit 1961 als Vorsitzende der Arbeitsgemeinschaft der für das Bau-, Wohnungs- und Siedlungswesen zuständigen Minister der Länder, ab 1963 hat sie den turnusmäßigen Vorsitz der Konferenz der Arbeitsminister inne und ist stellvertretende Vorsitzende des Bundesratsausschusses für Wiederaufbau und Wohnungswesen.

Neben der Tätigkeit als Abgeordnete und Ministerin engagiert sie sich als Ärztin in berufsständischen Verbänden: von 1950 bis 1959 gehört sie als einziges weibliches Mitglied der Schleswig-Holsteinischen Ärztekammer an, von 1965 bis 1973 ist sie Präsidentin des Deutschen Ärztinnenbundes, 1968 wird sie vom Internationalen Ärztinnenbund (Medical Women's International Association) zur Vizepräsidentin als Vertreterin für Zentraleuropa gewählt.

Darüber hinaus wirkt sie im Deutschen Paritätischen Wohlfahrtsverband als stellvertretende Vorsitzende des Landesverbandes Schleswig-Holstein und als Hauptvorstandsmitglied im Bundesverband. 1956 wird sie Vorstandsmitglied der Lübecker Possehl-Stiftung.

In all den Jahren ihrer politischen Tätigkeit setzt sie sich aber auch entschieden für die Anerkennung und Gleichberechtigung der Frau im Berufsleben ein; schon in der unmittelbaren Nachkriegszeit ist sie in Lübeck, ab 1952 auf Landesebene die Vorsitzende des Clubs berufstätiger Frauen, dem auch die SPD-Abgeordnete Dr. Elly Linden angehört, und Vorstandsmitglied des Deutschen Verbandes Berufstätiger Frauen und der Deutschen Gesellschaft für staatsbürgerliche Familienberatung.

Auch nach ihrem Ausscheiden aus dem Kabinett engagiert sie sich weiterhin im Landesfrauenrat, dem sie von 1963 bis 1970 vorsteht, für die Belange der Frauen. Unter anderem setzt sie sich für die Einführung einer Hausfrauenrente ein. 1969 stellt sie einen Forderungskatalog für den nächsten Bundestag auf, der die Anerkennung der wertschaffenden Arbeit der 8,8 Millionen Hausfrauen, die Regelung der Rechtsansprüche der vor der Ehe berufstätigen Frauen, die Anerkennung von Ausfallzeiten – beispielsweise durch Mutterschaft – für die Rentenversicherung sowie die Schaffung von Institutionen, die die spätere Rückkehr von Frauen in den Beruf ermöglichen sollen, umfaßt. Damit verbindet sie den Hinweis, daß Frauen in die Parlamente gehörten, wenn die soziale Sicherung der Frau verwirklicht werden solle. Die Gründe für die mangelnde Repräsentanz der Frauen in den Parlamenten sieht sie zum einen in der beruflichen und familiären Belastung, andererseits trauen sich ihrer Meinung nach die Frauen nicht genügend zu. Ihnen fehle zudem häufig die Fähigkeit, sich am „Gerangel" und „Gekungel" der männlichen Parteifreunde zu beteiligen; dabei fielen doch gerade an abendlichen Stammtischen die wichtigsten Vorentscheidungen. Daß Frauen dabei oft überfahren werden, erfährt sie am Schluß ihrer politischen Karriere. Bei der Wahl ihres Nachfolgers im Sozialministerium plädiert sie für Klaus Köberle, den langjährigen Vorsitzenden der CDU-Sozialausschüsse, stattdessen wird Otto Eisenmann berufen, der keine Erfahrungen für dieses Ressort mitbringt.

Wegen ihrer Verdienste erhält Dr. Lena Ohnesorge zahlreiche Auszeichnungen, so 1967 das Bundesverdienstkreuz mit Stern und Schulterband, 1974 die Paracelsus-Medaille der deutschen Ärzteschaft und 1979 die goldene Ehrenplakette des Deutschen Paritätischen Wohlfahrtsverbandes.

Dr. Lena Ohnesorge starb im Alter von 89 Jahren am 12. August 1987 in Lübeck. (sji)

MARIE SCHMELZKOPF

* 26.02.1887 Neumünster
† 11.11.1966 Neumünster

Marie Schmelzkopf, geb. Biß, wird am 26. Februar 1887 in Neumünster geboren. Nach dem frühen Tod des Vaters werden die vier Geschwister von der Mutter allein großgezogen. Die Mutter ist Gewerkschaftsmitglied. Marie Schmelzkopf erlernt keinen Beruf, wird Hausfrau

und Mutter von drei Söhnen und einer Tochter.

Im Ersten Weltkrieg wird ihr Mann verwundet und stirbt kurz nach der Heimkehr. Marie Schmelzkopf hat Schwierigkeiten beim Durchsetzen der Rentenansprüche und muß fortan arbeiten, um ihre Kinder zu ernähren. Da ihre Mutter nach neuer Eheschließung mit dem Mann nach Dänemark geht, hat sie keine Unterstützung bei der Betreuung der Kinder.

Marie Schmelzkopf arbeitet zunächst in einer Neumünsteraner Lederfabrik und wird Gewerkschaftsmitglied. Später leitet sie die Küche bei den Aluminiumwerken Sörensen und Köster. Sie ist Mitglied der Arbeiterwohlfahrt und wirkt in Nähstuben mit, in denen Kleidung für arme Kinder angefertigt wird. Während dieser Zeit stellt sie sich auch mehrfach als Vormund für elternlose Kinder zur Verfügung. Gleichzeitig ist sie Stadtverordnete in Neumünster und Vorstandsmitglied bei der dortigen Allgemeinen Ortskrankenkasse.

Im April 1933 wird sie von diesen Ämtern suspendiert und *„wegen ihrer Tätigkeit als Stadtverordnete"* von der Gestapo eines frühen Morgens abgeholt. Nur durch intensive Recherchen können die Kinder etwas über ihren Verbleib erfahren. Bei einer erneuten Verhaftungswelle („Aktion Gitter") nach dem Attentat auf Hitler am 20. Juli 1944 wird Marie Schmelzkopf noch einmal für einige Wochen in Kiel inhaftiert und ca. vier Wochen in der „Blume", dem Kieler Polizeigefängnis, festgehalten.

Zur gleichen Zeit sitzt dort auch Gertrud Völcker (s.d.) ein, bei deren Mann Marie Schmelzkopf nach ihrer überraschenden Entlassung in den späten Abendstunden, als sie nicht mehr nach Neumünster gelangen kann, Unterschlupf findet. G. Völcker wird ein paar Tage später entlassen.

Die Tochter vermutet, daß die Entlassung ihrer Mutter, die eigentlich schon für den Abtransport in das Konzentrationslager Ravensbrück vorgesehen war, auch auf die Intervention der Aluminiumwerke zurückzuführen gewesen sei, wo man sie offensichtlich sehr geschätzt habe. Im Anschluß an die Haft habe man ihr jedenfalls zwei Wochen Erholungsurlaub gewährt.

Auch nach dem Krieg bleibt Marie Schmelzkopf Werksküchenleiterin. Ebenso setzt sie ihre sozialen Aktivitäten fort. So bittet sie bei Firmen und Unternehmen um Spenden, die den Armen zur Verfügung gestellt werden. Kinder und Schwiegerkinder wirken bei den Transporten der Hilfsgüter mit.

Sie wird Mitglied des Reichsbundes der Kriegsopfer und -hinterbliebenen. Offenbar aufgrund ihres sozialen Engagements wird Marie Schmelzkopf als Vertreterin der Hausfrauen in die erste ernannte Ratsversammlung der Stadt Neumünster berufen, deren konstituierende Sitzung am 13.12.1945 stattfindet. Sie arbeitet im Ausschuß für Wohlfahrt und im Flüchtlingsausschuß mit. Im Februar 1946 folgt ihre Berufung in den ersten ernannten Landtag, wo sie Mitglied im Ausschuß für Volkswohlfahrt und im Katastrophenabwehrausschuß ist. Bei der ersten Kommunalwahl kandidiert Marie Schmelzkopf 1946 in Neumünster-Ost für die Ratsversammlung, der sie bis zum 12.5.1950 angehört, als mehrere SPD-Frauen offenbar im Zusammenhang mit der Niederlage der SPD bei der Landtagswahl zurücktreten und durch BHE/GB und CDU-Frauen ersetzt werden. In dieser Zeit ist sie Mitglied im Ausschuß für Schulspeisung, Wohlfahrt und Fürsorge und als Vertreterin der Kriegshinterbliebenen im Beirat der Fürsorgestelle für Kriegsgeschädigte.

Nach ihrem Rückzug aus der Politik widmet sie sich weiterhin ihren sozialen Aufgaben.

Marie Schmelzkopf stirbt am 11. November 1966 in Neumünster. (mzo)

BERTHA SCHULZE
* 24.11.1889 Kruglinnen (Ostpr.)
† 09.12.1967 Kronshagen

Bertha Schulze wird 1889 in Kruglinnen im Kreis Lötzen (Ostpreußen) geboren. Über ihre Schul- oder Berufsausbildung ist nichts bekannt. Aus ihrer Ehe mit Paul Schulze, der 1964 im Alter von 74 Jahren stirbt, gehen ein Sohn (geb. 1917) und eine Tochter (geb. 1919) hervor. Sie trägt durch Näharbeiten zum Unterhalt der Familie bei. Schon in den 20er Jahren gehört das Ehepaar Schulze der Kieler KPD an; ihre Wohnung in der Ringstraße dient nach 1933 wahrscheinlich als Anlaufstelle für politische Flüchtlinge.

1945 engagiert sich Bertha Schulze wieder für die KPD; im März und April 1946 gehört sie als bürgerliches Mitglied

45

den Ausschüssen für Flüchtlingswesen und Jugendwohlfahrt der ernannten Kieler Ratsversammlung an. Im Mai 1946 wird sie als KPD-Mitglied Nachfolgerin von Agnes Nielsen (s.d.) im ersten ernannten Landtag und arbeitet dort bis zu dessen Auflösung im November 1946 im Ausschuß für Flüchtlingswesen sowie im Arbeitsausschuß für das Verfahren der Landtagswahl mit. Im Oktober 1948 kandidiert sie bei den Kommunalwahlen in Kiel auf dem 7. Platz der KPD-Liste; 1949 ist sie Vorstandsmitglied beim Deutschen Frauenring in Kiel, dem Elisabeth Vormeyer (s.d.) vorsteht. Danach ist Bertha Schulze offenbar politisch nicht mehr in Erscheinung getreten.

Die letzten Lebensjahre hat Bertha Schulze bei ihrer Tochter in Kronshagen bei Kiel gelebt; dort ist sie 1967 verstorben. (sji)

meldung zum Physikum kriegsdienstverpflichtet. Als Sanitätshelferin in Wismar kommt sie mit der Verlegung des Lazaretts im April 1945 nach Timmendorfer Strand. Dort verhilft ihr der Besucher eines Patienten zu einem Arbeitsplatz als Sprechstundenhilfe in der Lübecker Polizeizahnklinik und zu einer Unterkunft im Bunker. Mit etwas Glück kann sie ein kleines Zimmer mieten, das sie bald mit ihrem aus der Gefangenschaft heimgekehrten Vater und der Mutter, die sich ebenfalls in Lübeck einfindet, teilt. Als die Klinik geschlossen wird und keine neue Arbeit in Sicht ist, studiert Ingeborg Sommer zwei Semester Musik an der Norddeutschen Orgelschule in Lübeck. Aus finanziellen Gründen muß sie den Plan aufgeben, in Berlin zu studieren, um ein zweites Fach belegen zu können. So

INGEBORG SOMMER

* 14.11.1923 Stentsch/Krs. Züllichau-
     Schwiebus

Ingeborg Sommer wird am 14.11. 1923 in Stentsch/Kreis Züllichau-Schwiebus als einziges Kind einer bürgerlichen Familie geboren. Der Vater erzieht seine Tochter streng wie einen Sohn: reiten, Pistole schießen, strammstehen muß sie, *,,denn es sollen Egoismus und Wehleidigkeit nicht erst aufkommen."*

Ingeborg Sommer möchte gern Landärztin werden. Während des Medizinstudiums in Berlin wird sie trotz ihrer An-

beginnt sie im Herbst 1947 eine Lehre als Damenschneiderin.

Mit dem Vater diskutiert sie ihre Überzeugung, daß es nicht ausreiche, christlich und human zu sein, um Diktaturen wie unter Hitler und Stalin zu bekämpfen und zu vermeiden, sondern daß man aktiv an der politischen Diskussion und Gestaltung teilnehmen müsse. So nimmt sie Kontakt zur SPD auf und tritt ihr 1946 bei. Sie wird auch Mitglied der Gewerkschaft Textil und Leder. Als sie 1950 die Schneiderlehre beendet, beträgt der Stundenlohn 85 Pfennige, und die Schneiderei befriedigt Ingeborg Sommer keineswegs. Sie bewirbt sich bei der ,,Lübecker Freien Presse" und arbeitet dort zunächst als freie Mitarbeiterin, später als Redakteurin.

Bei einer Recherche in der damaligen DGB-Schule Schloß Warnstorf wird sie neugierig auf hauptamtliche Gewerkschaftsarbeit und bewirbt sich bei der Hauptabteilung Frauen beim Bundesvorstand des DGB in Düsseldorf, allerdings ohne Erfolg. 1952 gründet Ingeborg Sommer in Lübeck die Deutsche Journalisten Union in der IG Druck und Papier. Als sie erfährt, daß der Posten der Leiterin der Abteilung Frauen beim DGB Landesbezirk Nordmark vakant wird, bewirbt sie sich wiederum. Ihr Vater kommentiert die Bewerbung mit den Worten: ,,Du bist wirklich eine verkrachte Existenz, dauernd fängst Du was Neues an." Nur zwei Frauen sind unter den ca. 20 Bewerbern.

Am 1.7.1953 tritt Ingeborg Sommer ihr neues Amt an. Sie hat Spaß an der Arbeit und baut im Landesbezirk Nordmark, der Schleswig-Holstein, Hamburg und die vier nördlichen Kreise Niedersachsens umfaßt, ca. 20 funktionierende Frauengruppen auf. Widerstände, wenn es z.b. um Mittel für Kurse geht, können Ingeborg Sommer nicht schrecken, was sie noch in der Probezeit mit einer Rücktrittsdrohung unter Beweis stellt. Als die Gleichberechtigungsdiskussion beginnt, reagieren viele Betriebsräte mit Aggression und Gegenwehr, erinnert sie sich.

Durch Artikel, regelmäßige Informationen und Arbeitsunterlagen unterstützt sie die ehrenamtliche Arbeit in den Frauengruppen. Nahezu an allen Wochenenden werden Kurse durchgeführt, um die Kolleginnen zu mehr Selbstsicherheit, zu kritischem Denken und zu sachlichen Diskussionen zu führen, wobei die Unterrichtung über gesetzliche Rahmenbedingungen nicht zu kurz kommen darf. ,,Mutmachen zum eigenen Handeln und zur Übernahme von Verantwortung" sind Ingeborg Sommers erklärte Bildungsziele bei dieser Arbeit. Aber es zeigt sich auch hier und dort, was Frauen an der beruflichen/politischen Karriere hindert: die eine will Häuschen und Mann nicht vernachlässigen, die nächste hat gerade den Mann fürs Leben gefunden, eine ist durch ihre kirchliche Bindung verhindert, und die vierte hat ,,noch so etwas Ähnliches". ,,Frauen werden was", sagt Ingeborg Sommer, ,,vorausgesetzt, sie wollen was und sie können was!" Und es gibt auch Beispiele, an denen sie ihren Spaß hat, die Arbeiterin aus Ostpreußen z.B., die an der Hochschule für Wirtschaft und Politik studiert und Karriere macht.

1960 wird Ingeborg Sommer vom Vorstand einstimmig zur Leiterin der Abteilung Schulung und Bildung beim DGB Nordmark gewählt. Sie ist damit die einzige Frau in dieser Position im Bundesgebiet und hat, wie sie betont, keine Schwierigkeiten mit den männlichen Kollegen. Teilnehmer an Bildungsveranstaltungen sind allerdings meist männlichen Geschlechts. Für Frauen werden die Kurse schon mal mit Modenschauen o.ä. angereichert, um die Attraktivität der Veranstaltung zu erhöhen.

Neben diesen vielfältigen Aufgaben hat Ingeborg Sommer die Geschäftsführung der Arbeitsgemeinschaft ,,Arbeit und Leben", in ihren Händen liegt die Betreuung der Stipendiaten an der Akademie für Gemeinwirtschaft in Hamburg (später Hochschule für Wirtschaft und Politik), von denen zu ihrer Freude einige besonders erfolgreich ihren Weg machen. Sie wird Mitglied in der Deputation der Sozialbehörde Hamburg und vertritt als Arbeitsrichterin die Arbeitnehmerseite bei Arbeitsgerichtsprozessen. Sie verleiht dem 1955 eingesetzten Wirtschaftsausschuß des Landesfrauenrates Schleswig-Holstein sein markantes Profil, ist alternierende Vorsitzende im Verwaltungsausschuß des Lübecker Arbeitsamtes und in der Vertreterversammlung der LVA Schleswig-Holstein. Wie von sich selber, so verlangt sie auch ihren engsten Mitarbeiterinnen viel an Tempo und Gewissenhaftigkeit ab, schätzt die Arbeit im echten Team über alles. Viele Ehrungen und Auszeichnungen würdigen Ingeborg Sommers unermüdliches Engagement in zahlreichen Bereichen des öffentlichen Lebens.

1963 fordern u.a. Elly Linden und Berta Wirthel Ingeborg Sommer auf, sich auch parteipolitisch zu betätigen, (nicht ohne Berta Wirthels Ermahnung: ,,*Dann mußt Du aber endlich mal zum Friseur!*") Der DGB-Landesbezirksvorstand verweigert allerdings die Genehmigung für eine Kandidatur und stimmt erst 1967 zu. Ihr gelingt auf Anhieb der Sprung in den Landtag. Harte Zeiten folgen. Jahrelang hatte sie zwei Wohnsitze in Hamburg und Lübeck, nun wird ihr Aktionsradius noch einmal um einiges erweitert. Neben der Arbeit im Volksbildungsausschuß, im Sozial- und Investitionsausschuß, unzähligen Versammlungen und Beratungen, sind die Kontakte zu Bürgern und Verbänden Schwerpunkte ihres parlamentarischen Wirkens. Vergebens bemüht sie sich im Landtag, ein Erwachsenenbildungsgesetz zu initiieren, für das die Zeit noch nicht reif ist.

Etwas wehmütig erinnert sie sich an riesige Parteiversammlungen, wo sich noch Meinungen artikulierten, wenngleich der Fraktionszwang sie immer störte: ,,*Es muß doch Geistes- und Gewissensfreiräume geben!*"

Nicht allzu schwer fällt Ingeborg Sommer daher 1973 die Wahl zwischen dem Posten des Vorsitzenden des DGB Kreis Lübeck und der Landtagsarbeit, vor die sie die Lübecker Gewerkschafter stellen, nachdem sie ihren Mitbewerber um das Amt aus dem Rennen geschlagen hat. Sie entscheidet sich für den Beruf. Statt erneut für den Landtag zu kandidieren, bewirbt sie sich aber 1974 um ein Mandat in der Lübecker Bürgerschaft und wird sogleich erste stellvertretende Stadtpräsidentin, bis sie 1986 zur Stadtpräsidentin der Hansestadt gewählt wird.

Dem Kreisvorstand der SPD gehört sie viele Jahre an.

Ingeborg Sommer läßt sich 1985 vorzeitig mit 61 Jahren pensionieren, um sich ihrer in einem Pflegeheim lebenden Mutter mehr widmen zu können – der langjährige Lebensgefährte ist 1975, der Vater 1981 verstorben. Aber der Tod der Mutter durchkreuzt dieses private Vorhaben.

1990 beendet Ingeborg Sommer ihre aktive politische Tätigkeit in der Lübecker Bürgerschaft.

,,Ich habe mir nie selbst eine Tür geöffnet, diese Chance der Höflichkeit habe ich meinen Kollegen nie genommen!" sagt Ingeborg Sommer, wohl wissend, daß sie sich damit im Gegensatz zur Meinung vieler Frauen der neuen Frauenbewegung befindet, aber das ficht sie keineswegs an, hat sie doch in einem engagierten Berufsleben und einer Politikerinnenkarriere erfolgreich ihren ,,Mann" gestanden. Von der Gleichstellungspolitik hält sie gar nichts – *,,die ist mir schnuppe-egal. Ich war nie eine Quote!"* (mzo)

MARGARETE WEISS

* 23.06.1912 Sülfeld
† 07.08.1990 Neumünster

Margarete (Margareta) Weiß, geb. Runge, wird am 23. Juni 1912 in Sülfeld, Kreis Gifhorn, geboren. Sie wächst in Neumünster auf, besucht dort das Oberlyzeum, anschließend die Frauenschule und das Kindergärtnerinnenseminar. Sie wird Kindergartenleiterin und Sozialberaterin, zieht nach Hannover, wird dort ausgebombt und kehrt mit ihren drei Söhnen (Jg. 1936, 1939, 1942) zurück nach Neumünster. Ihr Mann, Herbert Weiß, fällt auf Sizilien.

In der Wohnung ihrer Mutter in Neumünster bietet Margarete Weiß einen Mittagstisch für Beamte an, um der Kinder wegen den Broterwerb mit der Anwesenheit zu Hause vereinbaren zu können. Einer der Kunden ist der Lehrer Poppeck, der sich als Vorsitzender des BHE vorstellt und Margarete Weiß einlädt, ihn einmal zu einer Parteiversammlung zu begleiten. Sie lehnt dies zunächst – vornehmlich aus Zeitgründen – ab. Im November 1949 stellt sich Waldemar Kraft bei ihr zu Hause vor, um die ihm von seinem Parteifreund Empfohlene für die Mitarbeit beim BHE zu gewinnen, aber sie lehnt wiederum ab. Im Januar 1950 wird Margarete Weiß dann von Dr. Gille aufgesucht, dem es schließlich gelingt, sie zu für die Partei zu interessieren.

Nachdem sie sich anhand des spärlichen schriftlichen Materials über den BHE informiert hat, wird sie schließlich doch Mitglied und sofort in die Vorbereitungen der Landtagswahl 1950 einbezogen. Bei der Kandidatenaufstellung („... einen Pommern, einen Ostpreußen, eine Frau ...") besteht Dr. Lena Ohnesorge darauf, nicht die einzige Frau zu bleiben, und zeigt auf Margarete Weiß: *,,Ich seh' da noch so eine nette Dame. Ich will mal eben mit ihr sprechen. Und denn sagte sie zu mir, was sind Sie denn, was machen Sie? Ach, Sie sind Einheimische. Also, das ist doch großartig. Die hat mich denn auf die Liste gebracht und auch immer zu mir gesagt, und kandidieren können Sie doch. Na ja, kandidieren kann ich. (...)"*

Margarete Weiß beteiligt sich engagiert am Wahlkampf, zumal sie feststellt, welches Vergnügen ihr die Reden bereiten, die sie immer frei hält. *,,Nie im Leben hab' ich irgendwo 'n Konzept oder Stichpunkte oder irgendwas gehabt. (...) Und einmal hat der Landtagspräsident mich unterbrochen – Rohloff war das damals – und hat gesagt, bitte lesen Sie nicht ab. Ich sag', was fällt Ihnen ein, ich hab' überhaupt kein Stück Papier, und das ganze Plenum meuterte mit. Aber da hat er mich unterbrechen wollen. Ich hab' ihm nachher gesagt, Du Aas. Also, aber das hab' ich ihm nie vergessen, hab' ich ihm immer vorgehalten ..."*

Ein anderes Erlebnis, das sie nicht vergißt, ist ein Vorfall auf einer Wahlkampfveranstaltung, zu der sie vom Kieler Oberbürgermeister Andreas Gayk telegrafisch eingeladen wird. Gayk hält seine Rede und führt dann die BHE-Landtagskandidatin ein: *,,,Hier ist noch so'ne Jungfrau, ach sie ist gar keine Jungfrau mehr, die will noch was sagen.' Also, ich war empört. Ich meine, das war doch wirklich geschmacklos, nicht? Und ich hatte also den Eindruck, daß viele von den einfachen Leuten mitempfunden hatten. Wie ich auf die Bühne kam, klatschten sie."*

Auf die Frage, ob es schwierig gewesen sei, sich als Frau durchzusetzen, antwortet Weiß: *,,Das bin ich oft gefragt worden, und ich hab' jedesmal gesagt, bei mir nicht. Ich hab' das nicht empfunden. Ich hab's nicht ein einziges Mal empfunden."*

Auch die Nachfrage, ob sie sich als Alibifrau gefühlt habe, verneint sie: *,,Ach, fürchterliche Vorstellung. Also Frau Ohnesorge fing ja mal an und wollte also die Frauen alle zusammen, und wir wollten Frauenvertreterinnen haben und so. Ich hab' gesagt, was versprechen Sie sich eigentlich davon? Also, mir war das schleierhaft, nicht. Also, mir liegt sowas nicht so schrecklich doll."*

Durch den bemerkenswerten Wahlerfolg des BHE 1950 kommt auch Margarete Weiß auf Anhieb in den Landtag, dem sie mit Ausnahme der 4. Wahlperiode (1958-1962) bis 1971 angehört. 1951 wird sie auch in die Neumünsteraner Ratsversammlung gewählt, wo sie zunächst bis Ende 1952 bleibt, dann von

1955 bis 1959 und von 1966 bis 1970 wiederum vertreten ist.

Die Koalitionsverhandlungen nach der Landtagswahl 1950 gestalten sich recht schwierig, da man sich nicht ohne weiteres auf einen Kandidaten für das Amt des Ministerpräsidenten einigen kann. Durch Margarete Weiß' Vermittlung wird Dr. Walter Bartram, Neumünster, ins Gespräch gebracht, auf den sich die Koalitionspartner schließlich auch einigen. Als sich nicht lange danach der Rücktritt Bartrams anbahnt, wird wiederum Margarete Weiß in die Verhandlungen einbezogen, die CDU und BHE-Vertreter mit dem neuen Kandidaten für das Amt, Friedrich-Wilhelm Lübke, auf seinem Hof in Augaard führen.

Lübke ist es dann auch, der Margarete Weiß als Vertreterin des Landes nach Bad Godesberg schickt, als es um die Verhandlungen zum Vertriebenengesetz und zum Lastenausgleich geht: *,,Da hat der Lübke mich geschickt, keinen Vertriebenen, war ich die einzige Frau, alle Länder hatten Männer geschickt, alle Organisationen hatten einen Mann geschickt, und ich hab mich da sauwohl gefühlt."*

Während der beiden Legislaturperioden von 1950 bis 1958 arbeitet Margarete Weiß in den Ausschüssen für Volksbildung und Erziehung, für Eingaben, für Volkswohlfahrt und für Jugendfragen, dessen Vorsitz sie in der 3. Wahlperiode führt. Ferner ist sie im Ständigen Beirat beim Bundesausgleichamt, im Landesjugendwohlfahrtausschuß sowie im Landeswahlausschuß vertreten. Ihre Mitarbeit in den Ausschüssen ist in den Protokollen durch recht häufige Wortmeldun-

gen zu den unterschiedlichsten Themenkomplexen gekennzeichnet. In beiden Landtagen zur Schriftführerin bestellt, befürchtet sie zunächst, aufs Abstellgleis geschoben worden zu sein, bewertet aber dann durchaus die Vorteile dieser exponierten Stellung, die auch manch kleine Schwäche der Parlamentarier offenbart.

Nach Ansicht von Margarete Weiß macht sich der BHE durch die errungenen Erfolge selbst überflüssig. Die Art und Weise seines Niedergangs gefällt ihr keineswegs, aber sie denkt offenbar nicht einen Augenblick daran, die politische Arbeit niederzulegen, widersteht den Anwerbeversuchen durch CDU und SPD und entschließt sich, ihre politische Karriere in der FDP fortzusetzen: *,,Und ich hab' mir gesagt, Mensch, in so 'ner kleinen Partei, da hast du mehr. Was bist du in der CDU – gar nichts. Also ich wäre nicht in die SPD gegangen, das steht für mich fest."*

Für die Kinder bleibt natürlich wenig Zeit; teilweise springt die Großmutter ein, zwei der Söhne verbringen einige Jahre ihrer Schulzeit in Internaten, ohne dies jedoch der Mutter zum Vorwurf zu machen.

Im Juli 1958 verläßt Margarete Weiß den BHE und tritt in die FDP ein, ohne darauf zu bestehen, für die unmittelbar bevorstehende Landtagswahl einen aussichtsreichen Listenplatz zu bekommen. Dennoch beteiligt sie sich am Wahlkampf und baut in der Folge den daniederliegenden Kreisverband Lauenburg auf. Sie wird Mitglied des Landesvorstandes und des Bundeshauptausschusses der FDP, Vorsitzende des FDP-Landesausschusses für Frauenfragen und

51

schließlich stellvertretende Vorsitzende der FDP-Landtagsfraktion.

1962 erhält Margarete Weiß einen erfolgreichen Listenplatz und zieht für zwei weitere Legislaturperioden in den Landtag ein. Sie arbeitet wiederum in den Ausschüssen für Volkswohlfahrt und für Volksbildung mit, ebenso in den Ausschüssen zur Wahrung der Rechte der Volksvertretung, für Heimatvertriebene, für Arbeit und Aufbau, im Innenausschuß sowie in den Untersuchungsausschüssen ,,Internatsgymnasium Schloß Plön" und ,,Internatsschule Wentorf". Von Februar 1967 bis Mai 1971 ist sie parlamentarische Vertreterin des Ministers für Finanzen. In demselben Zeitraum fällt auch ihre Mitgliedschaft im Landeswahlausschuß. 1960 wird sie zur ehrenamtlichen Landessozialrichterin bestellt und in den sozialpolitischen Ausschuß des Verbandes der Kriegsbeschädigten berufen. Im Oktober 1970 wird ihr das Bundesverdienstkreuz Erster Klasse verliehen. Als ihre besonderen politischen Erfolge bewertet Margarete Weiß die Gründung des Jugendausschusses, dessen Vorsitzende sie wird, ihre Bemühungen um die Ingenieursausbildung, die ihr durch die Tätigkeit ihres Mannes besonders am Herzen liegt, sowie die Kulturpolitik im allgemeinen, die ihr bei der CDU immer ein wenig zu kurz zu kommen scheint und wo sie deswegen immer besonders zu kämpfen hat.

ZeitzeugInnen bestätigen, was sie selbst für sich in Anspruch nimmt: daß sie immer zielorientiert und entschieden ihre Meinung vertreten und sich Fraktionszwängen nie gebeugt habe (die anfangs auch noch nicht vorhanden gewe-

sen seien, wie sie ausführt; damals sei eben aus diesem Grunde auch die interessanteste politische Zeit gewesen, weil die Dinge bis zuletzt offen waren.)

1968 legt sie den Vorsitz des FDP-Kreisverbandes Neumünster nieder. Stets in strikter Abgrenzung zur SPD, veranlaßt 1971 die Koalitionsaussage großer Teile der FDP zugunsten derselben Margarete Weiß zur deutlichen Distanzierung, die ihr vor allem von den Jungdemokraten als parteischädigendes Verhalten übelgenommen wird. Sie bewertet daraufhin eine Partei, die zur Bundestagswahl dazu auffordere, die Erststimme einer anderen Partei zu geben, als krank an der Wurzel und begründet vor allem mit diesem Verhalten ihre Entscheidung, nicht wieder für den Landtag kandidieren zu wollen. Allerdings bleibt sie weiterhin Parteimitglied und arbeitet nach ihrem Umzug nach Tarp noch einmal in einer Ortsgruppe mit, in der auch einer ihrer Söhne aktiv ist.

Befragt nach den Belastungen, die sich aus ihrer politischen Tätigkeit ergaben, läßt Margarete Weiß in wenigen Sätzen ahnen, was ihre politische Karriere begleitet hat: *,,Nein, das (die zeitliche Belastung, d.Verf.) hat sich immer nur verstärkt. Also, ich bin Tag und Nacht im Gange gewesen. Es ist sehr schwer gewesen für mich. Aber wissen Sie, es ist schwer. Für eine Hausfrau ist das sehr schwer. Meine Mutter hat ja also meine Kinder großartig übernommen, aber es gab Dinge: Sie sagte, einkaufen mußt Du. Das heißt, ich mußte dienstags und freitags zum Wochenmarkt, ob ich 'ne Rede halten mußte, ob ich noch was vorhatte, das kam alles nicht in Frage. Meine Mut-*

ter stand auf dem Standpunkt, so gut möcht' sie's auch mal haben, morgens sich so schön anziehen und wegfahren, nicht. Also, ich hab's nicht leicht gehabt. Ich hab' nachts meine Reden machen müssen und lesen müssen, und ich hab' es schwer gehabt die Jahre."

Margarete Weiß ist am 7.August 1990 in Neumünster gestorben. (mzo)

CHARLOTTE WERNER

* 25.10.1909 Hamburg

Charlotte Werner, geb. Becker, wird 1909 als Tochter eines Seemanns und einer Hausfrau in Hamburg geboren und wächst in St. Pauli auf. Nach ihrer Volksschulzeit beginnt sie mit 14 Jahren eine Ausbildung in einer Goldwarenfabrik. Von September 1928 bis September 1930 arbeitet sie in einer Schokoladenfabrik; während dieser Tätigkeit tritt sie 1928 in die Gewerkschaft ein, um von den gewerkschaftlich ausgehandelten Tarifen zu profitieren, ist aber sonst nicht aktiv.

1926 hat sie sich mit einem Vetter, einem Sattler aus Königsberg, verlobt, den sie im September 1930 heiratet. Sie gibt ihren Beruf auf und zieht in die Nähe von Königsberg, wo ihr Mann seit 1927 eine Stelle als Landbriefträger innehat. Im April 1933 wird ihre Tochter geboren, im Oktober 1935 ihr Sohn. Als Charlotte Werner 1937 lungenkrank wird, muß sie sich zeitweilig von ihrer Familie trennen und in verschiedenen Orten Kuren durchführen. Die Lungenkrankheit der Mutter, die 1944 kurz vor der Flucht ausheilt, führt dazu, daß die Kinder aus der Hitlerjugend ausgegrenzt werden, was den Eltern sehr recht ist, denn sie stehen dem Nationalsozialismus ablehnend gegenüber.

Im Februar 1945 überlebt Charlotte Werner mit Kindern und Schwiegermutter die Flucht auf der ,,Cap Arkona", die sich vom Schiffskonvoi absetzen und damit retten kann, während die ,,Wilhelm Gustloff" versenkt wird – ein Schicksal, das die ,,Cap Arkona" bei ihrer nächsten Fahrt trifft.

Nach ihrer Ankunft in Schleswig-Holstein findet die Familie zunächst Unterkunft bei Charlotte Werners Eltern, die als ausgebombte Hamburger in einem Lager in Raisdorf bei Kiel einquartiert sind. Im Juni 1945 kehrt ihr Mann aus englischer Kriegsgefangenschaft zurück, in Raisdorf wird er schon bald Landbriefträger. Die Werners beginnen schon im Sommer 1945 mit dem Bau eines Hauses, den sie mit ihren geretteten Ersparnissen und Bezugsscheinen ermöglichen.

1945 wird Charlotte Werner zum ersten Mal politisch aktiv und setzt sich als selbst Betroffene für die Belange der Flüchtlinge ein. So beschwert sie sich bei der Britischen Militärregierung über den Raisdorfer Bürgermeister, der ihrer Meinung nach nichts zur Lösung des Flüchtlingselends unternimmt, und bekommt so Kontakt zur Britischen Militärverwaltung.

Als die Ernennung des ersten Landtages bevorsteht, wird sie von den Briten nach Kiel gebracht und eindringlich nach ihrer Vergangenheit und ihrer politischen Einstellung befragt. Ihr soziales Engagement begründet sie hier mit dem Hinweis auf das DRK, das ohne Ansehen der Person und der Nationalität allen helfe. Daraufhin eröffnet man ihr, daß sie für den Landtag vorgesehen sei, und legt ihr nahe, in eine Partei einzutreten. Sie entscheidet sich für die SPD und wird daraufhin im Februar 1945 neben fünf anderen Frauen zur Landtagsabgeordneten ernannt.

Als stimmberechtigtes Mitglied sitzt Charlotte Werner im Flüchtlingsausschuß, darüber hinaus hat sie auf Anweisung der Militärregierung als Flüchtlingsvertreterin in allen anderen Ausschüssen beratend die Interessen ihrer Gruppe zu vertreten.

Als Flüchtlingsvertreterin ist sie zuständig für den Kreis Plön, tatsächlich fährt sie aber in ganz Schleswig-Holstein herum, um bei den Behörden die Anträge der Vertriebenen in Invaliditätssachen und zum Lastenausgleich einzureichen. Selten steht ihr ein Dienstwagen zur Verfügung, und so muß sie häufig Autofahrer anhalten, die nach Vorzeigen ihres Dienstausweises verpflichtet sind, sie mitzunehmen. Bei den Behörden hat sie mit vielen Schwierigkeiten zu kämpfen, sie beherrscht aber bald die entsprechenden Taktiken, um auch höheren Orts vorzudringen.

Häufig ist Charlotte Werner erst um Mitternacht zu Hause. Daß sie sich politisch so stark engagieren kann, wird auch durch ihren Mann ermöglicht, der sie in ihrem Tun bestärkt und während ihrer Abwesenheit die Kinder betreut.

Daß Charlotte Werner trotz ihres sozialpolitischen Engagements keine politische Karriere macht, liegt in erster Linie daran, daß sie nicht der Aufforderung der SPD nachkommt, mehr Parteiarbeit zu leisten und an den Parteisitzungen in Kiel teilzunehmen. Ihre ablehnende Haltung begründet sie damit, daß ihre Aufgabe als Flüchtlingsvertreterin sie so in Anspruch nehme, daß sie keine Zeit habe, außerdem noch Parteiarbeit zu leisten, zumal sie darin keinen Sinn sehe.

Bei den Gemeindewahlen im Herbst 1946 wird sie zwar noch in den Raisdorfer Gemeinderat gewählt, weil sie das Vertrauen der Flüchtlinge genießt; bei der Ernennung des zweiten Landtages im Dezember 1946 wird sie aber von der SPD nicht mehr berücksichtigt, sondern Anni Krahnstöver als ihre Nachfolgerin bestimmt.

Als sich ihr gesundheitlicher Zustand verschlechtert und sie den erneuten Ausbruch ihrer Lungenkrankheit befürchten muß, zieht sich Charlotte Werner Ende des Jahres 1946 ganz aus der Politik zurück. Damit verbindet sie auch den Parteiaustritt aus der SPD, bei der sie ihre Chancen als Neuling sehr gering einschätzt und mit deren Flüchtlingspolitik sie zudem sehr unzufrieden ist. Trotzdem lehnt sie das Angebot des CDU-Vorsitzenden Schröter ab, bei der Landtagswahl 1947 als Kandidatin seiner Partei aufzutreten, weil sie *„nicht zu den Leuten gehört, die heute in der SPD und morgen in der CDU sind, um einen Posten zu ergattern"*. 1950 tritt sie dem neugegründeten BHE bei, wird aber nicht wieder politisch aktiv.

Obwohl sie für nur knapp sieben Monate auf der politischen Bühne stand, beurteilt Frau Werner heute ihre Landtagsarbeit als sehr befriedigend und erfolgreich, weil damals auf viele ihrer Vorschläge gehört worden sei und sie viel zur Linderung der Flüchtlingsnot habe beitragen können. Von den Vertriebenen habe sie viele Dankesbriefe erhalten, die sie als Anerkennung ihrer Arbeit betrachtet.

Frau Werner lebt heute in einem Altersheim in Preetz. (sji)

BERTA WIRTHEL

* 13.01.1900 Lübeck
† 10.04.1979 Lübeck

Berta Wirthel, geb. Fischer, wird am 13.1.1900 in Lübeck geboren. Ihr Vater ist Maurer; beide Eltern sind politisch aktiv. Sie wächst mit elf Geschwistern auf, besucht die Volksschule und erlernt den Beruf der Schneiderin. Berta Wirthel besucht Volkshochschulkurse, Lehrgänge und Schulungen. Ihren Mann, Wilhelm Wirthel, lernt sie auf einer Sportveranstaltung im Arbeiter-Turn- und Sportverein kennen. 1921 heiraten die beiden; zwei Kinder werden geboren, von denen eines stirbt.

1925 tritt Berta Wirthel der SPD bei und nimmt gleichzeitig ihre Tätigkeit bei der Arbeiterwohlfahrt auf. Sie wird Distriktsleiterin der SPD in Holstentor-

Nord und zugleich Mitglied des Frauen-vorstandes der SPD. Außerdem bekleidet sie zahlreiche Ehrenämter, u.a. in der Erwerbslosen-Jugend-Bewegung; 1929 wird sie als erste Frau in den Vorstand des Heiligen-Geist-Hospitals in Lübeck ge-wählt. Sie ist zudem Mitglied im Ver-band der Öffentlichen Dienste.

Im September 1929 zieht das Ehepaar Wirthel in das Gewerkschaftshaus in Lü-beck und übernimmt die Hausmeister-aufgaben. Dort werden sie 1933, als SA- und SS-Einheiten das Gebäude besetzen, zunächst – teilweise unter Gewaltanwen-dung – festgehalten und schließlich aus dem Haus getrieben. Noch zwei Jahre lang muß sich Berta Wirthel täglich mor-gens und nachmittags auf der Polizeiwa-che am Burgfeld melden, stets in Beglei-tung ihrer Freundin und Parteigenossin Emma Nehlsen. Dennoch reißt der Kon-takt zu illegalen SPD-Kreisen nicht ab. Da ihr Mann mit der Wohnung auch sei-nen Arbeitsplatz verloren hat, sorgt Berta Wirthel durch die Schneiderei für den Lebensunterhalt der Familie.

Im September 1945 tritt sie wieder in die SPD ein, wird Mitglied des Bezirks- und Kreisvorstandes sowie Vorsitzende der Frauengruppe des Kreisvereins Lü-beck. Am 13. Oktober 1946 nimmt sie als Abgeordnete der Lübecker Bürgerschaft ihre parlamentarische Laufbahn auf, die sie ohne Unterbrechung bis 1974 fort-setzt. Von 1951 – 1955 leitet Berta Wirthel als ehrenamtliche Senatorin das Wohnungsamt der Hansestadt Lübeck. Am 18.6.1951 ernennt sie der Senat für die Dauer ihrer Wahlzeit zum Ehrenbe-amten. Zweifellos gestaltet sich gerade in dieser Zeit die Arbeit im Wohnungswe-sen besonders schwierig, so daß Kritik nicht ausbleibt, der Berta Wirthel mit der ihr eigenen Durchsetzungsfähigkeit und Eigenwilligkeit begegnet. *,,Hart, ehrlich und gerecht"* schildert sie ein Parteige-nosse, der ihren Weg jahrelang begleite-te. Als Beispiel erzählt man die Ge-schichte von der Bank vor dem Rathaus, die entfernt wurde, damit sich dort nicht länger unliebsame Besucher tummeln sollten. Berta Wirthel stellt umgehend den Antrag auf Wiederaufstellung – und, ohne eine Entscheidung abzuwarten, be-auftragt sie Handwerker mit dem Neu-aufbau der Bank – notfalls auf eigene Kosten. *,,Sie war sich auch nicht zu scha-de, den Besen selbst in die Hand zu neh-men als Senatorin"*, berichten andere Zeitzeugen.

Berta Wirthel wird Vorsitzende der Wohnungsämter der vier kreisfreien Städte Schleswig-Holsteins im Landes-verband des Deutschen Städtetages.

Außer ihrer jahrelangen Tätigkeit im Wohnungsausschuß und im Sozialaus-schuß, dem sie bis zu ihrem Tod ange-hört, arbeitet sie im Ständigen Ausschuß, im Vertriebenen-, im Liegenschafts- und im Gartenausschuß mit, aber ihre beson-dere Aufmerksamkeit gilt der Altenbe-treuung, der Frauenarbeit und der Ge-sundheitsfürsorge.

1954 rückt sie vom 25. Januar bis zum 6. August in den Schleswig-Holsteini-schen Landtag nach, wo sie im Ausschuß für Heimatvertriebene mitarbeitet.

Ein Verkaufspavillon auf dem Priwall gehört Berta Wirthel, mit dem sie sich *,,ihre finanzielle Beweglichkeit"* ver-dient, wie sie einmal sagt, und bei dessen

Betrieb sie die ganze Familie einspannt. Hier liegen Arbeit und Entspannung nahe beieinander, da die Familie in unmittelbarer Nähe ein Wochenenddomizil ihr eigen nennt.

Am 3.6.1955 ehrt sie der Lübecker Senat mit seiner Ehrenplakette. 1960 wird Berta Wirthel mit der Freiherr-v.-Stein-Gedenkmedaille ausgezeichnet und am 21.5.1971 mit dem Bundesverdienstkreuz am Bande. Am 4.3.1990 tauft die schleswig-holsteinische Frauenministerin Gisela Böhrk eine Straße in einem Lübecker Neubaugebiet auf den Namen ,,Berta-Wirthel-Ring", um der engagierten Politikerin ein bleibendes Andenken zu setzen.

Berta Wirthel ist am 10. März 1979 in ihrer Heimatstadt gestorben. (mzo)

Maria Zachow-Ortmann

II. Frauen des öffentlichen Lebens

EMMA FAUPEL

* 26.08.1893 Schleswig
† 05.12.1978 Rendsburg

Emma Faupel, geb. Gamst, wird am 26.8.1893 in Schleswig als älteste von drei Töchtern eines Korbmachermeisters geboren. Ihre Mutter ist Lehrerin für höhere Schulen. Schon 1912 legt Emma Faupel ihr Examen als Lehrerin mit der Note „sehr gut" ab. Nach einer kurzen Dienstzeit in Sterup arbeitet sie bis 1914 als Lehrerin an der Heil- und Pflegeanstalt in Schleswig, eine besonders schwere, gleichzeitig aber auch lehrreiche Zeit für die junge Lehrerin, ist doch diese Schule in gewisser Weise Vorläuferin des Sonderschulwesens, das nach dem Ersten Weltkrieg eingerichtet wurde.

Von 1914 bis 1918 wird Emma Faupel an die Volksschule Lunden in Dithmarschen dienstverpflichtet. Gleichzeitig unterrichtet sie an der Landesschule für Erwachsenenbildung Deutsch und Geschichte. 1914 heiratet sie den Dentisten Hermann Faupel, 1914 wird eine Tochter, 1916 ein Sohn geboren.

1918 gründet Emma Faupel in Lunden eine höhere Privatschule, die 1934 von den Nationalsozialisten geschlossen wird. Nach ihrer Scheidung im Jahre 1938 zieht sie mit ihren Kindern nach Kiel und unterrichtet dort an einer Privat-

Realschule am Niemannsweg. Als auch diese geschlossen wird, wechselt sie zu einer weiteren Privatschule in der Lornsenstraße. Mittlerweile ist sie Großmutter geworden und sorgt mit für die Tochter und die beiden Enkelkinder, da der Schwiegersohn Soldat ist. Der Sohn ist seit 1942 in Rußland vermißt.

1941 wird Emma Faupel nach Rendsburg an die Christian-Timm-Mittelschule dienstverpflichtet, wo sie einen zur Wehrmacht einberufenen Kollegen vertreten soll. 1945, Emma Faupel unterrichtet die Abschlußklasse der Realschule in der Heimvolkshochschule, da die

59

Schulen noch alle als Lazarette belegt sind, wird sie von einem Vertreter der englischen Militärbehörden besucht und samt ihrer Schülerinnen um Mithilfe und Unterstützung bei der Linderung der Flüchtlingsnot gebeten. Dabei geht es vor allem um die Betreuung der jungen Mütter. Aus dieser ersten karitativen Arbeit entwickelte sich, wie Emma Faupel sagte, ihre gesamte nun folgende kommunale Tätigkeit. Schon 1946 gehört sie zu den Gründungsmitgliedern der Rendsburger CDU.

Von den Engländern wird die engagierte und wortgewandte Frau 1947 in die erste ernannte Ratsversammlung der Stadt Rendsburg berufen; sie beginnt ihre politische Karriere also mit 54 Jahren. Schon bei der Wahl des darauffolgenden Jahres bewährt sich ihre Arbeit, obwohl den männlichen Ratsmitgliedern die von den Briten angeordnete Vertretung der Frauen gar nicht sympathisch ist, wie die Landeszeitung seinerzeit vermerkt. Von 1948 bis zu ihrem Ausscheiden aus der Kommunalpolitik 1970 wird Emma Faupel immer wieder direkt in die Rendsburger Ratsversammlung gewählt. Von 1954 bis 1970 ist sie außerdem stellvertretende Bürgermeisterin der Stadt Rendsburg. Darüber hinaus wirkt sie im Kreistag von 1948 bis 1956 als Abgeordnete und stellvertretende Kreispräsidentin.

Ostern 1949 ernennt man sie zur Rektorin der Altstädter Mädchenschule, die sie bis zu ihrer Pensionierung 1959 leitet.

Am 22. Mai 1951 wird sie die erste Senatorin in Rendsburgs Geschichte. *,,Senatoren von links und von rechts nahmen kein Blatt vor den Mund, als in ihrer Mitte die Schulmeisterin Emma Faupel einen Platz zugewiesen bekam. In unserem altehrwürdigen Rathaus eine Frau als Mitarbeiterin! empörte sich der eine, während der andere sehr viel drastischer erklärte: Emma Faupel, Du hest'n Vagel! Goh an diene eegene Arbeit.''* (LZ v. 24.8.1968)

Von solchen Anwürfen unbeeindruckt, wird die Kommunalpolitik in den darauffolgenden zwanzig Jahren ihr Metier, und manch einer erinnert sich fast ehrfurchtsvoll ihrer Durchsetzungskraft und Energie. Unnachgiebigkeit und Härte, die sie in politischen Verhandlungen zeigt, werden ihr mehr als einmal als ,,männliche'' (sprich: unweibliche) Qualitäten attestiert, immer jedoch in Anerkennung dessen, was Emma Faupel mit ihrer Unerschrockenheit erreicht. *,,Gab es schwierige Verhandlungen über finanzielle Fragen im Land und in Bonn, dann ging Senatorin Faupel auf die Reise und bat die Minister zur Kasse (…) Man sagt in politischen Kreisen, daß von Dienstzimmer zu Dienstzimmer Alarm gegeben wird, wenn die Rendsburger Senatorin in einem Ministerium aufkreuzt.''* (LZ v. 24.8.1968)

So ist sie Förderin der umfangreichen Rendsburger Schulbauvorhaben, sie beschafft 1951 öffentliche Mittel zum Bau von Eigentumswohnungen für Lehrer ihrer Schule; die Landesbühne Schleswig-Holstein verdankt ihre Gründung und ihr Fortbestehen bis zum Übergang in das Gesamttheater dem unbeirrbaren Einsatz Emma Faupels für das Konzept eines eigenständigen Theaterbetriebes in der Stadt. *,,Zehn Jahre lang habe ich manchmal gegen harten und* sicherlich auch berechtigten Wider- *spruch für eine geistige Komponente im Kommunalpolitischen gekämpft. Rendsburg sollte sein Kulturzentrum im neuen, eigenen Haus haben.* Das alte Arsenal, *einst die größte Rüstkammer Dänemarks, sollte zur geistigen Rüstkammer unserer Stadt werden (...) Es gelang mir, den Beweis anzutreten, daß Rendsburg ein Schwerpunkt der Erwachsenenbildung ist,"* erinnert sich Emmea Faupel in einem Interview mit der Landeszeitung anläßlich ihres Ausscheidens aus der Kommunalpolitik 1970.

Ihre vielfältige Arbeit erstreckt sich auch auf das Jugendaufbauwerk, die Altenbetreuung, die Verbindung zu Nordschleswig und zu den europäischen Partnerstädten. Zahlreiche Ämter und Ehrenämter im Landesfrauenrat, zu dessen Gründungsmitgliedern sie zählt und dessen Vorsitzende sie von 1963 bis 1966 ist, im Frauenring, in der CDU-Frauenvereinigung, im Reichsbund und anderen sozialpolitischen Gremien machen Emma Faupel weit über die Grenzen der Stadt und des Kreises hinaus bekannt. Als erster Frau in Schleswig-Holstein wird ihr die Freiherr-v.-Stein-Medaille für die vorbildliche Mitarbeit auf dem Gebiet der kommunalen Selbstverwaltung verliehen, später das Bundesverdienstkreuz Erster Klasse.

Am 8. und 9. Oktober 1949 schon hatte Emma Faupel an der Gründungsversammlung des Deutschen Frauenringes in Bad Pyrmont teilgenommen, in dessen erstem Vorstand sie als einzige Schleswig-Holsteinerin gewählt wurde.

"Sehr wahrscheinlich hätte Senatorin Faupel längst einen Sitz im Landtag ha- *ben können, aber e i n e Erklärung für ihr erfolgreiches Wirken ist ihre Konzentration auf einen bestimmten Aufgabenbereich, ihr sich bescheiden können auf die kommunale Arbeit."* (LZ v. 24.8.1968)

„Uns Emma", wie sie von vielen RendsburgerInnen genannt wurde, ist zweifellos zur volkstümlichsten Persönlichkeit der Nachkriegszeit in Rendsburg geworden, und das nicht zuletzt, weil sie immer ein offenes Ohr für die Sorgen und Nöte auch „der kleinen Leute" hatte. Gleichzeitig warb sie beständig öffentlich, aber auch im privaten Rahmen um die Mitarbeit der Frauen in der Politik. Wohl wissend, daß die Aktivitäten der Frauenverbände nicht ausreichend sind, wenn es um die Durchsetzung von Fraueninteressen geht, sprach sie Frauen immer wieder ganz persönlich an, so z.B. auch ihre langjährige Rektoratssekretärin, die wie so viele Frauen der Kriegsgeneration reagierte; „*Mit Politik will ich nichts mehr zu tun haben, das überlasse ich meiner Tochter!"*

„Frauenprobleme sind keine Männersache!" Unter dieser Überschrift erschien anläßlich ihres 70. Geburtstages ein Zeitungsartikel, der dann feststellt: „*Es ist nicht die Betriebsamkeit der Frauenrechtlerin, und es sind auch nicht ausgesprochene Frauenprobleme, die ihren reichen Arbeitstag ausfüllen."* (LZ v. 24.8.1968). Wie wenig selbstverständlich im Grunde das öffentliche Zu-Wort-Melden von Frauen auch in den 60er Jahren noch war, wird deutlich aus einem Artikel über eine Kontaktveranstaltung der Schleswig-Holsteinischen Stromversorgungs-AG mit den Frauenverbänden: „*Von der Gleichberechtigung der Frau machte Senatorin Faupel als 1. Vorsitzende des Landesfrauenrates gebührenden Gebrauch und wartete auch mit Zahlen auf, um den Anteil der Frauen am Wirtschaftsgeschehen zu verdeutlichen."* (LZ v. 16.12.1965)

Nach ihrem Ausscheiden aus den politischen Ämtern widmete sich Emma Faupel der Aufgabe, die ihr von allen die liebste war, wie sie immer wieder betonte: Großmutter ihrer Enkelkinder zu sein.

Am 5. Dezember 1978 starb Emma Faupel in Rendsburg. (mzo)

GERDA GREHM

* 26.07.1904 Sobernheim
† 20.07.1985 Kolmar

Gerda (Gertrud) Grehm, geb. Dammann, wird am 26. Juli 1904 in Sobernheim, Kreis Kreuznach, als Tochter eines Gymnasialprofessors und seiner Frau geboren. Von 1914 bis 1923 besucht sie das Oberlyzeum, von 1924 bis 1925 eine landwirtschaftliche Frauenschule und von 1925 bis 1926 die höhere Handelsschule. Schon als junge Frau entwickelt sie großes politisches Interesse, da sie ihrem sehbehinderten Vater aus der Zeitung vorlesen muß. Seiner Pflege wegen verzichtet sie auf eine weitere Berufsausbildung.

1929 heiratet sie den Versicherungskaufmann Brücker und führt in Berlin ein großes Haus, in dem interessante Menschen verkehren.

1933 wird die einzige Tochter geboren. Die Ehe zerbricht im Krieg 1940. 1942 heiratet sie den Sportlehrer Johannes Grehm, einen Landwirtssohn aus Eiderstedt.

Die Tochter wird bald darauf vor den Luftangriffen in St. Peter-Ording in Sicherheit gebracht, und als sich die Lage in Berlin zuspitzt, zieht auch Gerda Grehm zu ihren Schwiegereltern nach Eiderstedt. Nachdem Johannes Grehm aus dem Krieg zurückkommt, geht auch diese Ehe in die Brüche.

1948 zieht Gerda Grehm mit ihrer Tochter nach Kiel und wird am 1. März Referentin für Frauenfragen beim Landesverband der CDU, nachdem sie schon zuvor ehrenamtlich für die Partei tätig gewesen ist.

Zu ihrem Aufgabenbereich im Innendienst gehören die Beratung und Förde-

rung von weiblichen Mitgliedern in Notfällen aller Art, schriftlich und in der Sprechstunde, die Vorbereitung von Versammlungen im ganzen Landesgebiet, die Förderung der Werbearbeit sowie die Sammlung von Material über Frauenfragen. Nach außen hin vertritt sie die Angelegenheiten der weiblichen Mitglieder vor den Landes- und Kreisbehörden, führt einschlägige Verhandlungen mit den Landtagsabgeordneten, hält Vorträge in öffentlichen und nichtöffentlichen Versammlungen und Schulungsveranstaltungen, gründet und belebt Frauengruppen ihrer Partei.

Nach dem ihr vom Generalsekretär Thiel ausgestellten Zeugnis hat Gerda Grehm sich allen diesen Aufgaben mit Fleiß und Beharrlichkeit gewidmet und ist dabei besonders erfolgreich gewesen. Ihre *,,sympathische, bescheidene Wesensart, ihr sicheres, aber immer fräuliches Auftreten sichern ihr überall Sympathie"*, zumal sie, wie man ihr bescheinigt, *,,ihren Vortragsstoff gut beherrscht, tadellos aufbaut und wirksam vorzutragen versteht"*.

Versehen mit dem hervorragenden Zeugnis und einem ebenso positiven Referenzschreiben von Emmy Lüthje, in dem diese von einer tiefen Freundschaft spricht, die sich zwischen den beiden Frauen in den zwei Jahren ihrer Zusammenarbeit entwickelt habe, tritt sie im Herbst 1950 die nach der Landtagswahl neugeschaffene Stelle der Frauenreferentin im Innenministerium an, wobei sie wegen der Zuständigkeit des Ministers Dr. Dr. Pagel für beide Ministerien auch für das Volksbildungsministerium tätig ist.

Sie widmet sich mit großem Elan dem neuen Aufgabengebiet, dessen Ausgestaltung sie in Ermangelung konkreter Vorgaben selbständig vornehmen kann. Zielgerichtet sucht sie sich Unterstützung für ihre Idee, die sie sicherlich in Abstimmung mit Emmy Lüthje entwickelt hat, der Arbeit der Frauenreferentinnen durch einen großen Zusammenschluß von Frauen auf Landesebene den nötigen Nachdruck zu verschaffen, nachdem sie sofort erkannt hat, daß sie ohne Rückendeckung nichts würde bewegen können.

Zu diesem Zweck bereitet sie die Gründung des Landesfrauenrates vor, in dem alle organisierten Frauen des Landes durch ihre Vorsitzende vertreten sind und der auf diese Weise über 200 000 Frauen repräsentiert.

In vielen Diskussionen mit den unterschiedlichsten Gesprächspartnern versucht sie Klarheit über die Struktur und Ansiedlung dieses überparteilichen Zusammenschlusses zu erreichen und den übrigen Beteiligten zu vermitteln. Zweifellos profitiert sie dabei aus ihren Erfahrungen im CDU-Landesverband, aber sie hat sowieso ,,keine Angst vor Königsthronen", kommt schnell mit Menschen ins Gespräch, und ihre tadellosen Umgangsformen sowie ihre auffallend gutaussehende Erscheinung lassen sie immer schnell zum Mittelpunkt werden. So ist ihr Respekt vor Beamtenhierarchien auch wohl nur begrenzt, und es gelingt ihr, Dinge zu einem positiven Ergebnis zu führen, wenn z.B. der Petitionsausschuß, in dem Emmy Lüthje den Vorsitz hat, sich hilfesuchend an sie wendet. Sie arbeitet eng mit dem am 1.12.1950 gegründeten Landesfrauenrat zusammen und vertritt als Frauenreferentin in zahlreichen öffentlichen Veranstaltungen das Innen- bzw. Kultusministerium. Sie betreibt z.b. mit Vehemenz die Motorisierung der Gemeindeschwestern und ist die Organisatorin der Ausstellungen von schleswig-holsteinischen Künstlerinnen im Landeshaus, die vom Landesfrauenrat in jedem Jahr durchgeführt werden. Mit einem Dienstwagen fährt sie über Land, um die Bilder bei den Künstlerinnen persönlich abzuholen. Bei diesen Unternehmungen, aus denen sich schöne Freundschaften entwickeln, begleitet sie manches Mal ihre Tochter, die im übrigen wenig von ihrer Mutter zu sehen bekommt und ganz in der Schule aufgeht.

1953 läßt Gerda Grehm sich scheiden; die Schuld wird beiden Ehepartnern zugesprochen, eine Tatsache, die in der Personalakte rot angestrichen wird und die ihr später zum Nachteil gereicht, als sie wegen ihrer Scheidungen für eine Aufgabe im Bundesfamilienministerium als nicht tauglich eingestuft wird. Dieser Makel gilt im übrigen in dieser moralisierenden Zeit auch für alle anderen Beschäftigungen, in denen ,,typisch weibliche" Qualifikationen gefragt sind, eine Tatsache, die den Arbeitsmarkt für Gerda Grehm, als sie sich neu orientieren muß, auf ein Minimum zusammenschrumpfen läßt.

Im Februar 1954 wird im Innenministerium ein Befähigungsbericht ausgestellt, demzufolge sie als Leiterin für ein zusammengefaßtes Frauenreferat der Landesregierung in Frage käme; man scheint also zu dieser Zeit mit ihrer Arbeit durchaus zufrieden zu sein. Es ist allerdings kein Geheimnis, daß Gerda Grehm durch ihr selbständiges Handeln, mit dem sie ihren unscharf definierten Aufgabenbereich extensiv zu nutzen sucht, in der Ministerialverwaltung immer wieder auf Ablehnung stößt. Dennoch wird sie z.b. im Februar 1958 vom Innenministerium als Vertreterin für den Landesbeirat für Bewährungshilfe vorgeschlagen. Darüber hinaus ist sie Mitglied des Stipendien- und Darlehnsausschusses der Universität sowie im Vorstand des Jugendferienwerkes.

Eine nicht abschließend rekonstruierbare Kumulation politischer und persönlicher Querelen führt im Herbst 1958 schließlich zu ihrer Versetzung in das Landesamt für das Gesundheitswesen, die durch die damit verbundene Gehaltszurückstufung neben einer persönlichen Diskriminierung auch eine klare politische Absage an die von Gerda Grehm aufgebaute Arbeit für Frauen ist.

Nicht ohne zuvor wenigstens um den inhaltlichen Erhalt ihrer Arbeit zu kämpfen, reicht Gerda Grehm Klage beim Arbeitsgericht gegen das Land Schleswig-Holstein ein, die sie später jedoch zurückzieht.

Am 21.7.1959 wird Gerda Grehm zum Bevollmächtigten des Landes Schleswig-Holstein nach Bonn abgeordnet, was einerseits ihrem langgehegten Wunsch entspricht, dort ihren Wohnsitz zu nehmen, aber doch ganz deutlich als Abschiebung gemeint ist. Bezeichnenderweise hält sich dennoch hartnäckig das Gerücht, Gerda Grehm sei ,,nach oben gelobt worden". Nach einer Reihe weiterer Komplikationen quittiert Gerda Grehm schließlich zum 31.1.1961 den

Dienst des Landes Schleswig-Holstein und wird – nach längerer Stellensuche – Referentin im Bundespresseamt, wo sie zuständig ist für die Morgenberichte an den Kanzler, eine Arbeit, die ihr großen Spaß macht.

Im Landesfrauenrat, als dessen Begründerin sie gesehen werden muß und dessen intensivste Phase seiner Arbeit mit Gerda Grehm untrennbar verknüpft ist, findet diese Affäre nicht zuletzt aus Gründen der eigenen Problematik, die es just zu diesem Zeitpunkt zu bearbeiten gilt, keine Resonanz, obwohl beides ohne Zweifel miteinander verstrickt ist.

1962 heiratet Gerda Grehm den Landwirt Werner Hoppe, und nach mehreren Wohnsitzwechseln kehrt das Ehepaar Anfang der 70er Jahre nach Schleswig-Holstein zurück, wo Gerda Grehm am 20.7.1985 in Kolmar stirbt. (mzo)

reibt. Ihr wird eine unerhörte Energie nachgesagt, mit der sie die Nächte durcharbeitet und die die Kollegen auf ihre Herkunft aus einer Bauernfamilie zurückführen.

Von Lübeck aus bewirbt sie sich um die Leitung eines Gymnasiums, der Klaus-Groth-Schule in Neumünster. Anfang Januar 1950 erfährt sie von dem für Gymnasien zuständigen Regierungsdirektor der Schulabteilung des schleswig-holsteinischen Kultusministeriums, Möhlmann, daß Kultusminister Siegel keine Bedenken gegen ihre Übernahme dieses Amtes und die damit verbundene Ernennung zur Oberstudiendirektorin habe. Im Mai 1950 zeigt er ihr sogar die Ernennungsurkunde, die bereits unterschrieben ist. Dieses Verhalten wird später vor Gericht als *,,unverständliche Indiskretion Möhlmanns"* bezeichnet, *,,die*

DR. EMMI HANNÖVER
* 21.10.1910 Hagstedt/Kreis Vechta

Emmi Hannöver wird am 21. Oktober 1910 als eine von vier Schwestern auf einem wohlhabenden katholischen Bauernhof in Hagstedt geboren.

1928 macht sie in Vechta Abitur, studiert und tritt 1936 als Studienrätin in den Staatsdienst ein. Sie unterrichtet die Fächer Deutsch, Geschichte und Englisch. An der Lübecker Ernestinenschule, die von einem sehr autoritären Direktor geleitet wird, befördert man sie am 1.10.1948 zur Oberstudienrätin. Schon damals ist sie eine Frau, an der man sich

*allen Gepflogenheiten des Beamten-
rechts widerspreche".*

Durch diese Umstände ihrer Sache sicher, gibt Emmi Hannöver ihre Lübecker
Wohnung auf, legt ihr dortiges Amt vor
der Öffentlichkeit nieder und verabschiedet sich in Lübeck mit einer Feier. Dies
findet vermutlich unmittelbar vor Beginn
der Sommerferien statt.

Am 9. Juli 1950 ist Landtagswahl, die
SPD verliert die Regierungsmehrheit und
Dr. Dr. Paul Pagel wird Kultusminister,
wobei durch die überraschenden Mehr-
heitsverhältnisse das Kabinett zwar sechs
Wochen nach der Wahl ,,steht", der Ministerpräsident Dr. Bartram aber erst am
5. September gewählt wird. Inwieweit
der Parteiwechsel in der Regierung eine
Bedeutung hat für den Verlauf des ,,Fal-
les Hannöver", ist nicht geklärt – weder
für den Bereich der Bewertung von Dr.
Hannövers Berufung noch für das Verschwinden der Akten, was in so einem
Fall aus organisatorischen Gründen ,,er-
klärlicher" wäre als ohne Wechsel in der
Führungsspitze.

Am Abend vor der geplanten Einführung in Neumünster erfährt Emmi Hannöver, daß ihre Bestallung rückgängig
gemacht worden sei. Eine Woche später
wird sie an das Lyzeum in Flensburg
versetzt. Dr. Hannöver verklagt daraufhin das Land Schleswig-Holstein auf
Herausgabe der Ernennungsurkunde zur
Oberstudiendirektorin.

Immerhin wird im Berufungsprozeß in
diesem Zusammenhang von einer ,,öf-
fentlichen Brüskierung" gesprochen, die
für die Angeklagte das Schlüsselerlebnis
war.

Drei Gründe für die Rückgängigma-
chung werden später vor Gericht als
maßgebend genannt:
– zum einen sei der damalige Landesdi-
rektor Wormit bei der Vorlage der Akten
übergangen worden,
– zum zweiten habe ein Einwand evan-
gelischer kirchlicher Kreise beim Kultusministerium über die Zugehörigkeit von
Frau Dr. Hannöver zur katholischen Kirche vorgelegen und
– drittens seien die Reibereien zwischen
der Oberstudienrätin und ihrem Lübecker Schulleiter dem Kultusminister
Siegel erst zum Zeitpunkt der Ernennung
durch LD Wormit bekannt geworden.

Diesen Prozeß verliert Emmi Hannöver zehn Jahre später, im August 1960,
vor dem Lüneburger Oberverwaltungsgericht, nachdem ihre Klage vor dem
Landesverwaltungsgericht in Schleswig
im Januar 1960 mit der Begründung ab-
gewiesen worden war, die Erklärung
Möhlmanns sei rein privater Natur gewesen, denn er sei nicht befugt gewesen, die
Ernennungsurkunde zu zeigen bzw. über
die beabsichtigte Beförderung Mittei-
lung zu machen.

Trotz des laufenden Prozesses in ihrer
Kraft ungebrochen, gründet sie im Juni
1951 in Flensburg die *Allgemeine Deutsche Frauenpartei*, an deren Gründungsversammlung etwa 200 Frauen teilnehmen.

Über die Ziele wissen wir nur, was G.
Bremme nebenbei berichtet, daß nämlich
die Allgemeine Frauenpartei *,,nur ganz
allgemein ,eine Politik der Beruhigung
und der Stabilisierung der weltpoliti-
schen Verhältnisse' fordert"* und das,

was im Flensburger Tageblatt anläßlich der Gründungsversammlung zu lesen ist:

„Der Weg, den Frauen über die politischen Parteien Einfluß zu verschaffen, sei nach Ansicht der Rednerin gescheitert. Deshalb sei den Frauen der Weg zur Parteibildung aufgezwungen worden, nicht um der Macht willen, sondern aus Verantwortungsgefühl. Es solle eine echte Zusammenarbeit zwischen Mann und Frau auf allen Gebieten erstrebt werden, ein Zusammenklang zwischen der typisch männlichen und typisch weiblichen Art. Die Frauenpartei besitze keinen ideologischen Hintergrund, sie wolle weder extrem rechts noch links gehen, sondern wähle den Weg der Mitte, erklärte Frau Dr. Hannöver, sie wolle sich auch nicht von vornherein auf eine bestimmte politische Linie festlegen, sondern sich nach den Erfordernissen des Augenblicks richten. Sicherung der Existenz, nicht nur der wirtschaftlichen, sondern der menschlichen, sei das Ziel."

1951/52 geht Dr. Hannöver für einige Wochen nach England.

Vermutlich im Zusammenhang mit den Ereignissen des 17. Juni 1953 spricht sie junge Leute, ältere SchülerInnen und junge LehrerInnen, in ihrer Umgebung an, mit denen sie sich in ihrer großen Altbauwohnung trifft, um Paketaktionen in die DDR vorzubereiten.

Zu dieser Zeit hält sie auch in Flensburg Vorträge über moderne Literatur.

Im Oktober 1957 wird sie wegen übler Nachrede gegenüber führenden Beamten des schleswig-holsteinischen Kultusministeriums, der Landesdienststrafkammer und des Landesverwaltungsgerichtes zu 500 DM Geldstrafe verurteilt, wobei das *„milde Urteil"* darauf zurückzuführen ist, daß man ihr *„in diesem Fall"* erheblich verminderte Zurechnungsfähigkeit attestiert.

Im Zusammenhang mit der Infragestellung ihrer Vernehmungsfähigkeit während des Ermittlungsverfahrens rät man ihr, sich zur Beobachtung und zur amtsärztlichen Untersuchung in eine Heilanstalt zu begeben, um ihre geistige Urteilskraft in diesem Komplex prüfen zu lassen. Diese Untersuchung findet dann offensichtlich *„ambulant"* statt!

Anlaß für die massiven Beschuldigungen, nämlich Korruption und Rechtsbeugung, die Emmi Hannöver gegen die Ministerialverwaltung und die Gerichte vorbringt, ist u.a. das *„zeitweise oder dauernde Verschwinden von wichtigen Aktenvorgängen, von denen sich ein Teil jedoch an Hand von Zweitschriften habe korrigieren lassen"*.

Das Verschulden des Ministeriums wird insgesamt auf das unkorrekte Verhalten und den Übereifer Möhlmanns, der als ministerieller Freund der Angeklagten bezeichnet wird, reduziert. In der Tat ist er 1950 vorübergehend beurlaubt worden, wobei Dr. Dr. Pagel ihn anschließend wieder einsetzt, ohne weitere dienstrechtliche Maßnahmen für notwendig zu halten.

Die Mitschuld Emmi Hannövers wird als erheblich eingestuft, und ihr Vorwurf, die Beamten der Dienststrafkammer hätten sich der Rechtsbeugung schuldig gemacht, sei *„ungeheuerlich"*.

„‚Vielleicht denke ich', so sagte der Kammervorsitzende, ‚hierin etwas sub-

jektiv in Anbetracht meines Berufs und meines Dienstranges, aber der Vorwurf ist so absurd, daß allein er Zweifel an der geistigen Gesundheit der Angeklagten nahelegt.'"

Anläßlich der Berufungsverhandlung im Oktober 1958 wird Emmi Hannöver noch einmal *„erheblich verminderte Zurechnungsfähigkeit nur auf diesem Gebiet"* zugebilligt, und die Presse zitiert wörtlich den Kammervorsitzenden :

„,Wenn ein Mensch in jeder harmlosen Geste und in jeder sachlichen Erörterung ein Symptom der Rechtsbeugung und Korruption sieht – da fehlt eben etwas.'"

Die Berufung wird verworfen. Folge dieses Prozeßteiles ist jedoch, daß im Kultusministerium über Disziplinarmaßnahmen nachgedacht wird, wobei man *„keine neuen dienststrafrechtlich erheblichen Tatbestände"* feststellt.

Dem unmittelbar folgenden Antrag des Ministerialrates Karl Möhlmann, dem in der Berufungsverhandlung die Rolle der „Schlüsselfigur" für das Verhalten der Angeklagten zugeschrieben worden war, in den Ruhestand versetzt zu werden, wird stattgegeben. Seine *„Verdienste um den Wiederaufbau und die Pflege des höheren Schulwesens und um den im ganzen Bundesgebiet anerkannten Bildungsstand der höheren Schule in Schleswig-Holstein"* werden in der Verlautbarung des Ministeriums gewürdigt.

Emmi Hannöver hat noch die Kraft und den Mut, beim Bundesgerichtshof Revision zu beantragen.

Am 27.2.1965 berichtet die Heimat-Zeitung, daß ein Vergleichsvorschlag vom V. Senat des Oberverwaltungsgerichtes Lüneburg gemacht worden sei, der vorsehe, daß Dr. Hannöver nunmehr als Oberstudienrätin planmäßige Beamtin des Landes sei:

„Der Vertreter des Kultusministeriums verpflichtete sich, der Klägerin mit Beginn des Schuljahres 1965/66 auch die tatsächliche Funktion einer Oberstudienrätin einzuräumen. Außerdem will er beim Innenminister die Einstellung des seit Jahren gegen Dr. Hannöver schwebenden Dienststrafverfahrens beantragen. Dr. Hannöver verpflichtet sich, die Klage zurückzunehmen, sobald das Dienststrafverfahren eingestellt ist. Sollte das nicht vor dem 1. Juli des Jahres geschehen, ist der vom Senat gemachte Vergleichsvorschlag gegenstandslos. (AZ: V OVG Lüneburg A 54/62)."

Während all der Jahre, in denen Dr. Hannöver ihr Recht verfolgt, ist sie in Niebüll am Gymnasium tätig, wohin sie 1954 versetzt worden war, und ihren Schülerinnen eine außergewöhnliche Lehrerin, die es versteht, „Sternstunden" zu erteilen. Von ihr erfahren die Jugendlichen mehr als nur den „normalen" Stoff, sie ist außerordentlich belesen und *„hätte sicher das Zeug zur Professorin gehabt".*

Sehr klug und obendrein elegant ist sie manchem unheimlich, zumal sie zurückgezogen lebt, mit ihren Fähigkeiten jedoch nicht hinter dem Berg hält. Dem Direktor ihrer Schule bereitet sie unentwegt Verdruß durch ihren permanenten Hinweis darauf, daß ihr eigentlich der Titel Oberstudiendirektorin zustünde. So fällt auch ihre Verabschiedung 1976 sehr knapp im Dienstzimmer ohne Feier aus, und in der Schulgeschichte der schleswig-holsteinischen Gymnasien wird die „leidige Affäre" ganz ausgespart.

Daß sie in Niebüll am falschen Ort in der falschen Funktion war und das Zeug hatte, Rektorin zu werden, betont eine ihrer Schülerinnen heute noch. Umso höher rechnet man es ihr an, daß sie dem Ort nicht den Rücken kehrt, als sie pensioniert wird, sondern sich mit Elan daran macht, die Volkshochschule zu sanieren, für die sie u.a. „tolle Reisen" organisiert. Noch im hohen Alter fährt sie nach China.

Seit einem schweren Schlaganfall wird Frau Dr. Hannöver in einem Pflegeheim in Niebüll betreut. (mzo)

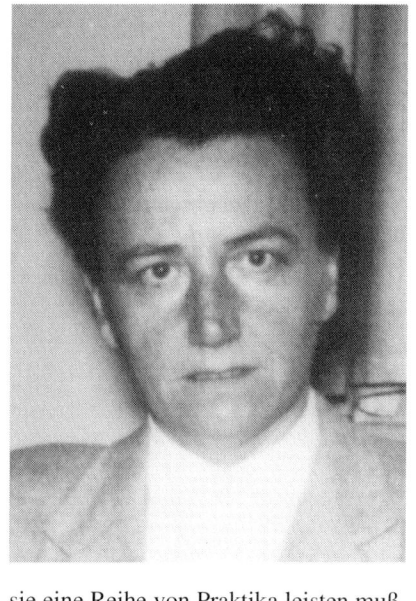

WALTRAUT KLINKOW
* 09.03.1908 Berlin

Waltraut Klinkow wird am 9. März 1908 in Berlin geboren. Sie stammt aus einem bürgerlichen Elternhaus. Nach einer zehnjährigen Schulzeit besucht sie ein Jahr die Frauenschule der Hofbauerstiftung/Potsdam unter Leitung von Frau v. Puttkamer, läßt sich sodann im Pestalozzi-Fröbelhaus ausbilden als Lehrerin für technische Fächer im hauswirtschaftlichen Bereich für Grund-, Mittelschulen und das Lyzeum.

Eine weiterführende Ausbildung zur Gewerbelehrerin und dann zur Fachschuloberlehrerin absolviert sie in einem sechssemestrigen Studium am Berufspädagogischen Institut, während dessen sie eine Reihe von Praktika leisten muß, die ihr einen umfassenden Einblick in verschiedene Berufsbereiche vermitteln. Ihre Diplomarbeit schreibt sie über die Lebensbedingungen ungelernter Arbeiterinnen. Die Recherchen dazu führen sie in deren Wohnungen und allerlei Kaschemmen.

Sie arbeitet bis 1943 als Gewerbeoberlehrerin in Berlin (Frauen dürfen zu dieser Zeit erst mit 37 Jahren Beamte werden), leitet Erwerbslosenkurse bei der Stadt, unterrichtet an einer Privatschule des Hausfrauenbundes („Schule der Hausfrauen"), in der das Bürgertum seinen Töchtern zwischen Schule und Berufsausbildung bzw. Heirat eine Ausbildung angedeihen läßt.

Als die Nazis die Schule auflösen, weil im Vorstand des Hausfrauenbundes Jüdinnen vertreten sind, geht Waltraut

Klinkow zum Lettehaus, dann wieder in den öffentlichen Schuldienst nach Friedrichshagen, wo parallel zum Gymnasium ein hauswirtschaftlicher Zweig betrieben wird.

Waltraut Klinkow tritt nicht in die NSDAP ein, sondern wird nur Mitglied im Deutschen Frauenwerk.

Als die Schulen wegen der Bombenangriffe 1943 ausquartiert werden, kommt Waltraut Klinkow mit ihrer Schule in den Warthegau.

Im Januar 1945 müssen Kinder und Lehrkräfte wegen der herannahenden Kriegsfront nach Berlin zurückkehren, wo Waltraut Klinkow den Direktor vertreten soll, allerdings nicht lange, denn kurz darauf wird die Richard-Wagner-Oberschule für Mädchen – wie viele Berliner Oberschulen – nach St. Peter-Ording geschickt (in das heutige Internat), und auf ausdrücklichen Wunsch ihrer Klasse folgt sie dorthin. Die Westküste ist unmittelbar nach dem Krieg Sperrgebiet, weil die deutschen Soldaten aus Norwegen dorthin verlegt werden. Alle Frauen zwischen 15 und 35 Jahren müssen das Gebiet verlassen. Waltraut Klinkow bleibt bei den jüngeren Kindern, da sie über 35 ist, die Älteren werden auf Bauernhöfe nördlich von Friedrichstadt verteilt. Mit einer Steckrübe im Rucksack macht sie sich auf den Weg, die ihr anvertrauten Kinder zu suchen.

Im Frühjahr 1946 wird Waltraut Klinkow an die Klaus-Groth-Schule für Mädchen nach Neumünster versetzt. Um „Eisenscheine für Kochtöpfe" für die von ihr mit Unterstützung der Eltern wieder in Gang gesetzte Schulküche zu ergattern,

fährt sie nach Kiel, weil der Leiter der Abteilung für berufsbildende Schulen im Kultusministerium, Dr. Schmidt, diese in Aussicht gestellt hat. Bei dieser Gelegenheit trägt ihr der Amtschef des Ministeriums für Volksbildung, Herr Nydal, eine Stelle zum Aufbau der weiblichen Berufsbildung im Ministerium an. Waltraut Klinkow hat jedoch zunächst keine Ambitionen, in die Verwaltung zu gehen, und „warnt": „Ich kann keine Reden halten und habe keine Ahnung von Verwaltung." Außerdem verhandelt gerade die Berliner Magistratsoberschulrätin mit den vier Besatzungsmächten, um Waltraut Klinkow die Rückkehr nach Berlin zu ermöglichen, da sie die Leitung des Pestalozzi-Fröbelhauses übernehmen soll. Dieses Vorhaben scheitert jedoch am „Njet" der Russen.

In den großen Ferien 1948 gibt Waltraut Klinkow an der Heimvolkshochschule Rendsburg Kurse in Staatsbürgerkunde für Lehrkräfte, die in der NS-Zeit ausgebildet worden sind. Als Dr. Schmidt (wie nach und nach alle höheren Beamten) zum „Demokratielernen" nach England geschickt wird, vertritt Waltraut Klinkow ihn im Ministerium, schläft währenddessen zunächst auf einer Segeltuchliege des DRK im Büro und spannt an Regentagen einen Schirm über ihre Akten, weil das Dach des Ministeriums nicht dicht ist. Eine intensive Aufbauarbeit im Schulbereich beginnt.

Daß auch Mädchen nach der Schulentlassung berufsschulpflichtig sind, ist in Schleswig-Holstein zu dieser Zeit noch nicht allgemein bekannt. Vor allem mangelt es an Schulräumen, für die alle möglichen Notbehelfe organisiert werden müssen. Waltraut Klinkow ist von 1948 bis 1973 im Bereich Berufsbildung tätig. Dr. Schmidt organisiert, für die gesamte Bundesrepublik prägend, die berufsbildenden Schulen in Schleswig-Holstein – mit Waltraut Klinkow an der Seite. Sie erstellt den berufsbezogenen Lehrplan für Jungarbeiterinnen, der Vorbild wird für das gesamte Bundesgebiet. Waltraut Klinkow vertritt die Überzeugung, daß die Erziehung von Kindern und Jugendlichen nicht allein Frauensache sein könne und initiiert in Schleswig die erste Fachschule für Erzieherinnen und Erzieher, die ebenfalls als Modell bundesweit Anerkennung findet. Entsprechend werden die „Jugendleiterinnenseminare" in der Folge umgeformt zu Fach(hoch)schulen für Sozialpädagogik.

Neben ihrem Referat für Berufsbildung ist Waltraut Klinkow auch für „Querreferate" zuständig: Schulküchenbau/Hauswirtschaft an allen Schularten, „Religiöse Bildung" (in Form von „Religionsgesprächen"), außerunterrichtliche Betreuung von Schüler/innen etc. Mit Vorträgen an Universitäten wirbt Waltraut Klinkow im ganzen Bundesgebiet um Hauswirtschafts- und Gewerbelehrerinnen. Aber auch die Aus- und Weiterbildung von Frauen, die lange familiengebunden und berufsfern gelebt haben, ist Waltraut Klinkow schon früh ein Anliegen, so z.B. die Ausbildung zu „Meisterinnen der Hauswirtschaft".

Sie ist Mitbegründerin der Landesvereinigung für Gesundheitserziehung. Nach dem Vorbild des ersten Forschungsinstituts für Hauswirtschaft in Bonn-Bad Godesberg unternimmt sie 1949 den Versuch, ein solches in Kiel gründen. Mit Mitteln aus dem Marshall-Plan ruft sie ein Forschungsinstitut für Hauswirtschaft am Niemannsweg ins Leben, zugeordnet der landwirtschaftlichen Hochschule/Prof. Lang, das von der Landwirtschaftsrätin Frau v. Gablentz geleitet wird, aber nur vier bis fünf Jahre Bestand hat.

In der Nachfolge von Gerda Grehm (s.d.) wird Waltraut Klinkow 1959 von Ministerpräsident v. Hassel als koordinierende Frauenreferentin bestimmt, dabei jedoch keineswegs von ihren anderen Aufgaben freigestellt. Sie übernimmt diese Funktion dennoch vor dem Hintergrund ihrer vielfältigen Bemühungen um Frauenförderung in allen Altersstufen und den guten Kontakten, die sie durch ihren Beruf zu Frauenorganisationen pflegt. Diesen soll sie – als Retterin in der Not – im persönlichen Gespräch das Interesse der Landesregierung am Landesfrauenrat versichern. 1965 stellt sie schließlich einen Antrag auf die Einrichtung einer eigenen Planstelle für eine Frauenreferentin in der Staatskanzlei, sie erhält allerdings niemals eine Antwort. 1969 legt Waltraut Klinkow diese nebenamtliche Tätigkeit – Koordinierung der Frauenfragen – nieder.

Karriere kann bzw. konnte man nach Frau Klinkows heutiger Einschätzung nur im „technischen Bereich" machen, der ihr versperrt blieb, weil sie eine Frau war und Frauen dafür nicht in Frage kamen.

1973 wird Waltraut Klinkow als Ministerialrätin pensioniert. Sie lebt in Kiel-Schilksee. (mzo)

71

FRIDA NIENDORF

* 25.04.1902 Kiel
† 20.04.1994 Malente

Frida Niendorf, geb. Brockmann, wird am 25. April 1902 in Kiel-Gaarden geboren. Der Vater ist Werftarbeiter, die Mutter Hausfrau. Frida Niendorf hat zwei ältere und eine jüngere Schwester.

Nach der Volksschule beginnt sie mit einer dreijährigen Lehre in einem Versicherungsbüro.

Da an eine Verwirklichung ihres Berufswunsches ,,Lehrerin" überhaupt nicht zu denken ist, besucht Frida Niendorf Kurse in Englisch, Stenografie und Schreibmaschine und wird mit 360 Silben in der Minute Meisterschaftsstenografin in Schleswig-Holstein.

Frida Niendorf unterscheidet sich in ihrer Freude am Lernen von ihren Schwestern und stößt damit auch bei ihrem Vater eher auf Unverständnis, der seine Tochter lieber bei typischen Jungmädchenbeschäftigungen sehen würde.

Nach der Lehre beginnt sie bei der Schleswig-Holsteinischen Volkszeitung als Sekretärin und tritt 1919 der SPD bei.

Sie hört von der Akademie der Arbeit, bewirbt sich und wird angenommen (1924-1925). Ihren Lehrgang besuchen fünf Frauen neben 48 Männern, wobei dies schon ein außergewöhnlich hoher Frauenanteil ist. Im Gegensatz zu den meisten AkademieteilnehmerInnen, die von den sie entsendenden Verbänden unterstützt werden, verdient sich Frida Niendorf ihren Lebensunterhalt während des Akademiebesuches durch Schreibarbeiten, empfindet diesen Umstand allerdings für das Lernen als hinderlich.

Danach geht sie zum Sozialdemokratischen Pressedienst nach Berlin, dann zur Arbeiterwohlfahrt. 1928 wird sie Redaktionssekretärin beim Verband der Bekleidungsarbeiter.

Sie ist Leiterin der Frauenabteilung der SPD und kandidiert Anfang 1933 noch bei den Kommunalwahlen in Berlin-Kreuzberg. Wohl aufgrund dieser Aktivitäten wird sie 1933 von den Nazis fristlos entlassen und ist daraufhin einige Monate arbeitslos.

Ihre Tätigkeit als Arbeitnehmervertreterin beim Arbeitsgericht kann sie noch bis 1934 ausüben, bis auch diese Bereiche von der Deutschen Arbeitsfront übernommen werden. Die alten sozialdemokratischen Freunde, unter ihnen viele Absolventen der Akademie der Arbeit, rücken nun in Berlin näher zusammen. Frida Niendorf beginnt mit einer kaufmännischen Tätigkeit in einem größeren Unternehmen und bringt es bis Kriegsende zur Abteilungsleiterin, da die Männer im Krieg sind und die Frauen nun ihre Plätze einnehmen dürfen.

Nach dem Krieg arbeitet Frida Niendorf bei der Deutschen Reichsbahn in Berlin. Sie heiratet 1946 den aus der Emigration heimgekehrten Helmuth Niendorf und zieht mit ihm in seine Heimatstadt Lübeck.

Hier nimmt sie sich der Verbraucherprobleme an, wird Mitglied im Aufsichtsrat der Konsumgenossenschaften und vertritt deren Frauengilde im Landesfrauenrat, wo sie als Schriftführerin von der Gründung am 1.12.1950 bis zum 3.3.1959 dem Vorstand angehört. 1950 wird sie auch Vorsitzende des Verbraucherausschusses Lübeck. 1951 nimmt sie im Rahmen der Städtepartnerschaft an einer dreimonatigen Reise in die USA teil.

Daß Frida Niendorf nicht mehr für die SPD tätig wird, hat einen Grund darin, daß ihr Mann sich wegen Kontaktes (ein Gespräch oder zwei) mit dem Oberbürgermeister von Schwerin, den er anläßlich eines Verwandtenbesuches getroffen hat, vor dem Landesvorstand der Partei verantworten soll und daraufhin aus der SPD austritt.

Nach der Auflösung des Verbraucherausschusses 1956 ist sie 1957 an der Gründung der Verbrauchergemeinschaft Lübeck beteiligt, deren erste Vorsitzende sie wird. Hier entwickelt sie in den kommenden Jahren vielfältige Aktivitäten

zur Verbraucheraufklärung, pflegt die Zusammenarbeit mit Verbrauchergemeinschaften im Lande, ist an der Gründung der Zeitschrift „Warentest" beteiligt, organisiert Ausstellungen und Informationsfahrten und ist daneben noch Schöffin am Landgericht Lübeck.

Frida Niendorf hat ihre letzten Lebensjahre im Seniorenheim Immenhof in Malente verbracht. Dort ist sie am 20. April 1994 kurz vor ihrem 92. Geburtstag gestorben. (mzo)

DORIS POTT
* 02.05.1916 Florianopolis/St. Catharina
Brasilien

Doris Pott, geb. Koch, wird am 2. Mai 1916 in Brasilien geboren. Die Eltern

waren aus Kiel dorthin ausgewandert, um eine neue Existenz zu gründen. Da der Vater trotz des Verbotes politischer Betätigung Streiks und einen Schweigemarsch organisiert, um gegen miserable Arbeitsbedingungen zu demonstrieren, wird er verhaftet und schließlich ausgewiesen, so daß die Familie 1920 nach Kiel zurückkehrt.

Der Vater ist Mitglied der Konsumgenossenschaft, alter Sozialist, der aber eher anarchistische Vorstellungen vom Sozialismus hat.

Nach ihrer Rückkehr bezieht die Familie eine Kellerwohnung in Kiel-Hassee. Doris Pott hat drei Schwestern und zwei Brüder. Sie spricht von einer schlimmen Kindheit. Der Vater sorgt trotz der Armut rührend für seine Familie, er raucht nicht und trinkt nicht, ist jedoch sehr autoritär, jähzornig und schlägt seine Kinder. Andererseits schildert ihn Doris Pott auch als einen phantasievollen Menschen, der viele Ideen hat. Die Tochter erlebt seinen politischen Anspruch, sich für die Armen und Unterdrückten einzusetzen, immer als Widerspruch zu seinem Verhalten in der Familie.

Die Mutter ist eine stille Zuhörerin, die sich nie einmischt, sie hat ein sicheres menschliches Urteil und vermittelt ihren Kindern auf ihre Art, was gut und richtig ist. Die Familie liest stets Bücher aus der Gewerkschaftsbücherei, und zwar vor allem die russischen Realisten, Gorki, auch Hamsun, Andersen-Nexö: *,,Romane haben für mein politisches Bewußtsein mehr bewirkt als die Partei das getan hätte"*. Außerdem gibt es die Frauenzeitschrift ,,Gleichheit", aus der sich das

kleine Mädchen Fotos ausschneidet. Doris Pott nimmt an den Veranstaltungen der Kinderfreundebewegung teil. In der Schule hat sie immer in der ersten Stunde Religionsunterricht, an dem sie aber auf Veranlassung des Vaters nicht teilnimmt. Sie ist eine schlechte Schülerin.

Nach der Schulzeit wäre Doris Pott gern in einen Modeladen gegangen, aber das bleibt ein Traum; sie kommt zu einem Bauern in Stellung. *,,Ich habe nie gelernt, nein zu sagen!"* Beim Bauern lebt sie eigentlich *,,zwei Leben"* – das reale und das Leben in den Büchern, die sie liest: *,,Ich hatte den Kopf voll durch die Sucht zu lesen (Goethe z.B.)"* und: *,,Als Mädchen beim Bauern ist man weniger wert als die Kuh im Stall; um 4.00 Uhr aufstehen, keine Pause, kein Feierabend."*. Doris Pott deutet auch sexuelle Übergriffe (keine Vergewaltigung) durch Männer auf dem Hof an. *,,Man ist von klein auf leidensbereit."* 1932 geht sie zum freiwilligen Arbeitsdienst nach Harrislee. In Flensburg erlebt sie 1933, wie Julius Zehr von den Nazis erschossen wird und wie sich anläßlich seiner Überführung zur Beerdigung nach Kiel ein beeindruckend langer Trauerzug zusammenfindet.

1936 lernt sie ihren Mann kennen, der Bankkaufmann, aber arbeitslos ist. Ihre Söhne werden 1936 und 1938 geboren. Die Schwiegereltern nehmen die junge Familie auf. Als ihr Mann in die ,,Versuchung" gerät, in die NSdAP einzutreten, um eine Stelle zu bekommen, droht Doris Pott ihm: *,,Wenn du in die Partei eintrittst, laß ich mich scheiden"*.

Ihr Mann ist im Krieg, als sie ausgebombt werden und Doris Pott mit den

Kindern wieder zu den Eltern zurückkehrt. Dort treffen sich immer Widerstandsgruppen, darunter auch Gertrud Völcker und die Brüder Meitmann von der Hamburger SPD. 1944 fällt Doris Potts Mann, was sie aber erst später erfährt.

Als nach dem Krieg die Konsumgenossenschaft wiedergegründet wird, fängt Doris Pott dort an zu arbeiten als Putzfrau, im Lager etc. Die Kinder bleiben währenddessen allein. In Gaarden leitet sie die Frauengilde der Genossenschaft.

Gertrud Völcker bittet Doris Pott, die AWO in Gaarden zu übernehmen (1946/47). 1946 tritt Doris Pott (erstmalig) in die SPD ein. Auf den Parteiversammlungen tut sie sich durch kritische Wortmeldungen hervor. In Frauengruppen arbeitet sie nicht mit, weil ihr diese zu unpolitisch sind. In der Genossenschaft ist ihr bewußt geworden, daß Frauen nicht zur Sache reden, sondern eher emotional an die Dinge herangehen, und sie kritisiert: *,,Frauen haben keine eigenen Themen entwickelt".* Doris Pott besucht Volkshochschulkurse zu politischen Themen, um Bildung nachholen.

1957, im Zuge der Diskussion über die Wiederbewaffnung schließt sie sich der DFG/IDK (Deutsche Friedensgesellschaft/Internationale der Kriegsdienstgegner) an. Heute meint sie: *,,Keine Frau war damals für die Wiederbewaffnung."* Als sie am Friedenszug nach Moskau, veranstaltet vom Münchner Friedensrat, teilnimmt, wird gegen sie ein Parteiausschlußverfahren beantragt. Ida Hinz verhindert, daß Doris Pott ausgeschlossen wird. 1966 verläßt sie die SPD freiwillig

– wegen der großen Koalition. Doris Pott beteiligt sich weiter an den Ostermärschen und arbeitet lange in der DFG/VdK mit.

Obwohl sie sich als Frau nicht diskriminiert gefühlt hat, hält sie die Politik für ein Männersystem mit eigenen Regeln. *,,Als Frau muß man beispielsweise schöne Haare haben, wenn man es in der Politik zu etwas bringen will ..."* – natürlich zusätzlich zu den anderen Fähigkeiten.

Dennoch erscheint ihr Politik als etwas so Spannendes, daß ihr kaum begreiflich ist, warum es so wenig gelingt, Frauen dafür zu interessieren. Andererseits hätten die in der Politik erfolgreichen Frauen ihre Erfolge nicht ohne die Arbeit der ,,kleinen" Frauen an der Basis erreichen können.

Heute lebt sie in Kiel in einer schönen Wohnung unter dem Dach und engagiert sich bei den Grauen Panthern. Jüngst hat einer von den ganz Jungen aus der DFG/VdK gefragt, ob sie nicht Ehrenvorsitzende werden und über ihre Erfahrungen berichten möchte. Das tut sie jederzeit gern – auch ohne eine solche Ehrung, die ihr nicht so recht zu ihrem Politikverständnis zu passen scheint. (mzo)

Sabine Jebens-Ibs

III. Kommunalpolitikerinnen

MARIANNE BEIER

* 17.09.1901 Flensburg
† 07.09.1981 Flensburg

Marianne Beier, geb. Ohrtmann, wird im September 1901 in Flensburg geboren; sie entstammt einer Bauern- und Handwerkerfamilie von der Geest. Als junge Frau arbeitet sie als Hausangestellte und Verkäuferin in Flensburg. In den 20er Jahren heiratet sie den Schriftsetzer Ernst Beier; aus der Ehe gehen drei Kinder hervor. Wie ihr Ehemann, der seit 1920 der Sozialistischen Arbeiterjugend in Flensburg vorsteht, engagiert sich Marianne Beier schon früh in der Jugendorganisation der SPD; beide sind u.a. maßgeblich an der Organisation eines internationalen Zeltlagers mit Jugendlichen aus Deutschland und Dänemark beteiligt, das im Juli/August 1932 auf der in der Flensburger Förde gelegenen Kleinen Ochseninsel stattfindet. Daneben bemüht sich Marianne Beier schon seit Beginn der 20er Jahre darum, vor allem junge Frauen für die Partei zu gewinnen. Nach der Besetzung des Jugendheimes in der Schloßstraße durch die HJ am 28. März 1933 muß das Ehepaar Beier seine dortige Wohnung verlassen. Im Juni 1933 wird Ernst Beier unter Polizeiaufsicht gestellt.

Nach dem Zweiten Weltkrieg – zwei ihrer Kinder stehen bereits im Berufsleben – engagiert sich Marianne Beier sofort wieder für die SPD. Nachdem die Flensburger Ortsgruppe, die sich für den Anschluß Schleswigs an Dänemark einsetzt, im Juni 1946 aus der SPD ausgeschlossen wird, bleibt Marianne Beier beim Rest des Ortsvereins, der nur noch aus 36 Personen besteht. Im Juli 1947 ist sie an der Gründung der Arbeiterwohlfahrt beteiligt, für die sie in den folgenden Jahren u.a. Weihnachtsfeiern organisiert. Im achtköpfigen Vorstand des neugegründeten SPD-Ortsvereins übernimmt sie im August 1946 die Frauenleitung, in deren Rahmen sie im Dezember 1946 eine Frauenkundgebung mit der Landtagsabgeordneten Anni Krahnstöver unter dem Motto „Gebt die Kriegsgefangenen frei" durchführt.

Bei den ersten Nachkriegskommunalwahlen 1946 und 1948 kandidiert Marianne Beier im Wahlbezirk 7 (Burgplatz, Junkerhohlweg) für die SPD; von 1948 bis 1951 ist sie Mitglied der Flensburger Ratsversammlung und arbeitet in den Ausschüssen für Volks- und Mittelschulen, für Bücherei und Museum, Theater, für Preisüberwachung und Gesundheit sowie im Wohnungs- und im Zuzugsausschuß mit. Bei der Kommunalwahl des Jahres 1951 kandidiert Marianne Beier nicht, dafür übernimmt ihr Mann den Wahlbezirk 7. Bei den Kommunalwahlen der Jahre 1955 und 1959 steht sie wieder als Kandidatin zur Verfügung, kann allerdings kein Mandat erringen. Im Februar 1959 wird sie bei den Vorstandswahlen des Ortsvereins als Leiterin der Frauengruppe bestätigt; dieses Amt gibt sie offenbar Anfang der 60er Jahre an Juliane Decker ab.

Marianne Beier ist im September 1981 nach schwerem Leiden im 80. Lebensjahr in Flensburg verstorben. (sji)

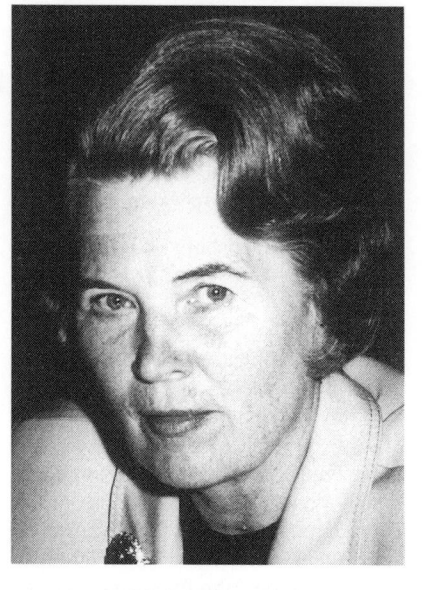

FRIEDA BENDFELDT

* 18.07.1904 Kiel
† 15.06.1983 Kiel

Frieda Bendfeldt, geb. Harder, wird 1904 in der Johannesstraße in Kiel-Gaarden als Tochter eines Malers geboren, der auf der Howaldt-Werft arbeitet. Sie besucht die Volksschule im Karlstal und erlernt nach ihrem Schulabschluß Haushaltsführung in der Marsch und in einem Sylter Kinderheim die Erziehung von Kindern. Später geht sie zur Sozialistischen Arbeiterjugend in Kiel, wo sie ihren Mann kennenlernt. 1926 tritt sie der SPD bei, im gleichen Jahr heiratet sie Emil Bendfeldt, der damals Bezirksbetriebsrat bei der Post ist.

Das junge Ehepaar übernimmt die Heimleitung des städtischen Jugendheimes in der Goschstraße. 1928 und 1939 werden die Töchter Inge und Heike geboren; mit ihren Kindern muß Frieda Bendfeldt während des Krieges häufig vor Luftangriffen in den Keller flüchten.

Frieda Bendfeldt engagiert sich bereits als junge Mutter bei der SPD-Frauengruppe und der Arbeiterwohlfahrt, in der sie von 1931 bis 1933 die Gruppe Kiel-Süd leitet. Zusammen mit Andreas Gayk gründet sie Anfang der 30er Jahre die Kinderfreundebewegung und kümmert sich um die Ferienbetreuung der Roten Falken in Falckenstein.

Während der Nazizeit, in der die Bendfeldts hart um ihre Existenz kämpfen müssen, wird ihre Wohnung in der Lüdemannstraße zu einem kleinen Zentrum der alten Genossen und des stillen Widerstandes.

Nach dem Krieg widmet sich das Ehepaar dem Wiederaufbau der SPD. Während Emil Bendfeldt als Geschäftsführer die ÖTV reorganisiert, baut Frieda Bendfeldt zusammen mit Ida Hinz, Emma Schmidt und Magda Jung die Frauengruppe der SPD und den Kreisverband der Arbeiterwohlfahrt auf, deren zweite

Vorsitzende sie bis 1950 ist. Schwerpunkte ihrer Arbeit sind die Flüchtlingsbetreuung und die Kinderarbeit, in deren Rahmen sie Strandfahrten und Ferienerholungen organisiert.

1950 übernimmt Frieda Bendfeldt von Ida Hinz den Vorsitz der SPD-Frauengruppe in Kiel, von dem sie nach 18 Jahren im Januar 1968 zurücktritt, um Jüngeren Platz zu machen. Außerdem gehört sie ab 1949 dem Landesvorstand der SPD an und ist von 1958 bis 1964 (?) Vorsitzende der Kontrollkommission des Landesverbandes.

Von 1961 bis 1973 leitet sie wiederum als zweite Vorsitzende zusammen mit Gerda Kade die Arbeiterwohlfahrt; in dieser Zeit werden vor allem die Altentagesstätten der AWO gegründet und ausgebaut und die Mädchenbildungs- und Kinderarbeit gefördert. Bei ihrer Verabschiedung erhält Frieda Bendfeldt gemeinsam mit Gerda Kade die höchste Auszeichnung der Arbeiterwohlfahrt, die Marie-Juchacz-Medaille. Ehrenamtlich koordiniert sie weiterhin die Arbeit der Kieler Altentagesstätten.

1951 wird das Ehepaar Bendfeldt in die Kieler Ratsversammlung gewählt, der Frieda Bendfeldt zunächst bis 1955 und dann von 1959 bis 1970 angehört. Sie konzentriert sich vor allem auf die Bildungs-, Jugend und Sozialpolitik. Zusammen mit Anne Brodersen sitzt sie von 1951 bis 1955 im Schulausschuß und in der Schulpflegschaft der Mädchenberufsschule; wie Anne Brodersen ist sie im Juni 1951 stimmberechtigte Vertreterin der Stadt Kiel beim außerordentlichen Schleswig-Holsteinischen Städtetag und 1954 Gast an der Hauptversammlung des

Deutschen Städtetages in Stuttgart. Von 1959 bis 1970 gehört sie u.a. dem Jugendwohlfahrtsausschuß, dem Ausschuß für Stadtreinigung und für das Nahrungsmitteluntersuchungsamt sowie dem Werkausschuß für die Stadtwerke an.

Da sie die Notwendigkeit einer eingehenden Schulung junger Mütter erkennt, wird sie bereits 1959 in der Mütterschule Kiel tätig und deren erste Vorsitzende als Nachfolgerin von Gertrud Osterloh. Die Mütterbildungs- und Säuglingsberatungsstelle betreut sie noch 1978. Ein wesentlicher Erfolg ihrer Arbeit als Ratsfrau besteht darin, das ,,Haus der Familie" in der Lornsenstraße aufgebaut und krisenfest gemacht zu haben.

Für ihre Verdienste beim Wiederaufbau Kiels wird sie am 19.1.1978 mit der Andreas-Gayk-Medaille der Stadt ausgezeichnet.

Am 15.6.1983 ist Frieda Bendfeldt im Alter von 78 Jahren in Kiel gestorben. (sji)

GERTRUD BRAUER
* 14.10.1891 Chemnitz
† 30.09.1952 Kiel

Gertrud Brauer gehört von 1948 bis 1951 als CDU-Mitglied der Ratsversammlung sowie vom April 1950 bis zum Mai 1951 dem Magistrat der Stadt Kiel an. Ihren Arbeitsschwerpunkt sieht sie in der Lösung der Flüchtlingsprobleme, für die sie sich bereits im Christlich-Sozialen Werk eingesetzt hat, das Ilse Brandes 1947 in Lübeck gründete. Neben Wilhelm Vormeyer und Georg Nolte wird sie bei der Gründung des Kieler Kreisausschusses des Christlich-Sozialen Werkes im November 1947 in den Vorstand gewählt.

Als Ratsfrau sitzt sie von 1948 bis 1950 im Hauptausschuß für Soziale Verwaltung und für Flüchtlingsfragen, im Flüchtlingsausschuß sowie im Unterausschuß für Gemeinschaftslager und ist bis 1949 Vorsitzende der Schlichtungsstelle im Hauptausschuß für Wohnungsfragen. 1949 nimmt sie als nichtstimmberechtigte Vertreterin an der Wahl des Schleswig-Holsteinischen Städtetages teil. Von 1950 an ist sie Mitglied im Soforthilfeausschuß sowie im Fürsorge-, Jugendwohlfahrts- und Kriegsopferausschuß. Als Vertreterin der Arbeitsgemeinschaft Kieler Frauen gehört sie auch nach 1951 noch dem Ehrenausschuß Kieler Woche an. Daneben ist sie vom November 1950 bis April 1951 im Ausschuß beim Amtsgericht für die Auswahl der Schöffen und Geschworenen zuständig.

Gertrud Brauer wird bei der Kommunalwahl 1951 von der Kieler Gemeinschaft, die sich damals aus CDU, FDP, DP, BHE und DRP zusammensetzte, nicht wieder nominiert. Bereits im September 1952 stirbt sie in Kiel; in einem Nachruf der Kieler Nachrichten vom 4.4.1952 heißt es, sie sei die *„Mutter der Heimatvertriebenen"* gewesen und habe im Dienste der Jugend die Not zu lindern versucht. (sji)

DOROTHEA BREDE
* 25.03.1876 Segeberg
† 31.10.1958 Kiel

Dorothea Brede wird 1876 in Bad Segeberg geboren. Ihre Berufstätigkeit beginnt sie als Lehrerin an den Städtischen Handelslehranstalten in Kiel. 1917, im Alter von 41 Jahren, übernimmt sie die Leitung der Evangelischen Bahnhofsmission in Schleswig-Holstein, die sich aus dem 1878 in der Schweiz gegründeten „Verein der Freundinnen junger Mädchen" entwickelt hat.

Schon im Ersten Weltkrieg hatte sich der Aufgabenbereich der Bahnhofsmission durch das Kriegsgeschehen erheblich ausgeweitet; auch nach dem Zweiten Weltkrieg kümmert sich die Mission vor allem um die Heimatlosen und Spätheimkehrer. Für ihre Arbeit in diesem Bereich

wird Dorothea Brede in den 50er Jahren mit der Wichern-Plakette geehrt.

Vom 6.12.1945 bis zum 13.10.1946 gehört Dorothea Brede für die CDU der ernannten Ratsversammlung in Kiel an und arbeitet im Ausschuß für Wohnungsfragen, für soziale Verwaltung und Flüchtlingsfragen sowie dem Fachausschuß beim Amt für Familienfürsorge mit. Von März 1946 bis Februar 1948 sitzt sie zudem im Entnazifizierungsgremium und im Entnazifizierungsausschuß „Stadtverwaltung".

Am 31.10.1958 ist Dorothea Brede in Kiel im Alter von 82 Jahren verstorben. (sji)

HEINKE BRODERSEN

* 23.06.1907 Flensburg
† 03.06.1988 Flensburg

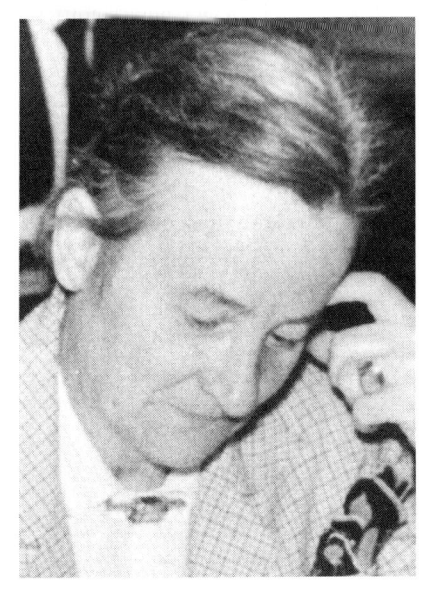

Heinke Brodersen wird 1907 als Tochter des Bäckermeisters Jes Brodersen und seiner Frau Alma geboren; sie wächst zusammen mit vier Geschwistern in der Norderstraße auf, in der die seit 1870 im Familienbesitz befindliche Bäckerei steht.

Nach Abschluß des Lyzeums ist sie einige Monate Haustochter; danach beginnt sie eine dreijährige Ausbildung zur Handweberin in der bekannten Altonaer Handweberei Bertha Möllers. Diese Handwebmeisterin wurde in Flensburg von der dort zeitweilig lehrenden Lisbeth Hablik-Lindemann unterrichtet, deren Itzehoer Weberei in den 20er Jahren Weltruf erlangte. Ob Heinke Brodersen die Anregung zu dieser Ausbildung durch den 1907 von Ernst Sauermann in Flensburg gegründeten Nordschleswigschen Verein für Hausweberei erhielt oder von dem mit ihrem Vater befreundeten Maler und Graphiker Alex Eckener, der auch ein Exlibris mit Webstuhl- und Brezelmotiv für sie entwarf, ist nicht bekannt.

Nach der bestandenen Gesellenprüfung beginnt Heinke Brodersen sofort in Wien eine Lehre als Bäckerin, weil ihr einziger Bruder tödlich verunglückt ist und sie den Familienbetrieb weiterführen soll. Da die Weblehre angerechnet wird, kann sie bereits nach zwei Gesellenjahren im April 1931 als erste Flensburgerin ihre Meisterprüfung als Bäckerin ablegen. Als ihr Vater 1941 stirbt, führt sie die Bäckerei allein weiter, in der sie bereits 1935 Mitinhaberin geworden ist. Von ihren Kunden und Mitarbeitern wird sie wegen ihrer freundlichen, menschlichen Art geschätzt.

Das Interesse für Politik ist sicher durch ihren Vater geweckt worden, der Ratsherr war und viele Ehrenämter innehatte. Nach dem Zweiten Weltkrieg schließt sich Heinke Brodersen der Deutschen Wahlgemeinschaft an, die, aus SPD, KPD, CDU und FDP bestehend, bei der ersten Kommunalwahl 1946 für ein deutsches Flensburg eintritt. Ebenso wie 1946 wird sie auch bei den Kommunalwahlen 1948 und 1951 von der CDU nominiert, erhält aber erst am 31.1.1952 ein Mandat als Nachrückerin für den verstorbenen Dr. Swane. Ihre nächste Kandidatur im Jahre 1955 ist nicht erfolgreich; 1957 wird sie ein zweites Mal als Nachrückerin Mitglied der Ratsversammlung, der sie dann auch in der nächsten Legislaturperiode von 1959 bis 1962 angehört. Als Ratsfrau arbeitet Heinke Brodersen in den Ausschüssen für Wohlfahrt und Jugendwohlfahrt, für die gewerbliche Berufsschule und die Meisterschule, für Museen und Büchereien, für den Schlachthof, für Friedhof- und Gartenanlagen sowie im Bauausschuß und Wohnungsausschuß mit. Als Lehrherrin übernimmt sie zudem die Pflegschaft für die gewerbliche Berufsschule. Daneben gehört sie bei der Handwerkskammer dem Prüfungsausschuß für Bäcker an.

In der CDU ist sie in den 50er Jahren Mitglied des Kreisvorstandes Flensburg-Stadt, außerdem arbeitet sie im Vorstand der Deutschen Kulturgesellschaft (1956) mit.

Im Juni 1988 ist Heinke Brodersen nach langem Leiden in Flensburg gestorben. (sji)

DOROTHEA DAMM

* 24.03.1881 Meimersdorf
† 20.10.1949 Kiel

Dorothea Damm, geb. Borchert, wird 1881 in Meimersdorf bei Kiel geboren. Von 1905 bis 1911 ist sie in Stellung bei verschiedenen Landwirten gewesen. 1912 tritt sie in die SPD ein, in der sie von 1925 bis 1933 den Vorsitz der Frauengruppe in Kiel-Hassee innehat. Nach dem Verbot der SPD am 22. Juni 1933 treffen sich die Mitglieder der ehemaligen Frauengruppen in ,,Handarbeits- und Kaffeekränzchen", wo sie gemeinsam ausländische Rundfunknachrichten hören und diese sowie illegale Schriften wie den ,,Neuen Vorwärts", die ,,Sozialistische Aktion" und den ,,Kruse-Brief" verbreiten. Anfang 1937 wird Dorothea Damm wegen dieser illegalen Betätigung zusammen mit anderen Frauen verhaftet und zu zwei Jahren Gefängnis verurteilt.

Nach dem Krieg engagiert sich sie wieder als Leiterin der Hasseer Frauengruppe. Sie kandidiert bei der ersten kommunalen Nachkriegswahl 1946 in Kiel für den Wahlbezirk IX und gehört von 1946 bis 1948 der Kieler Stadtvertretung an, wo sie im Ausschuß für Gesundheitswesen, im Flüchtlingsausschuß und im Unterausschuß für Gemeinschaftslager mitarbeitet. Im Oktober 1949 ist Dorothea Damm 65jährig in Kiel gestorben. (sji)

JULIANE (JULCHEN) DECKER
* 02.12.1897 Flensburg
† 04.07.1968 Flensburg

Juliane Decker wird 1897 als Tochter des Werftschmiedes Wilhelm Jürgensen in Flensburg geboren. Vom sechsten bis zum 14. Lebensjahr besucht sie die Volksschule in St. Marien III, danach geht sie in Stellung mit einem Jahreslohn von 90 Mark. Während ihrer Freizeit lernt sie Stenografie im Stenografen-Verein. Von 1915 bis 1917 durchläuft sie eine Lehre im Büro und im Laden; im Kriegsdienst wird sie anschließend als Stenotypistin in Flandern eingesetzt. Im November 1918 kehrt sie nach Flensburg zurück und wird Stenotypistin beim Beigeordneten des Oberbürgermeisters, zuerst bei Waldemar Sörensen, dann bei Asmus Thomsen. Nach einer großen

Versammlung mit Peter Michelsen, Flensburger Stadtverordneter und Mitglied der Nationalversammlung von 1919 bis 1921, tritt sie 1918 in die SPD ein und übernimmt Ehrenämter. So leitet sie jahrelang in Kupfermühle die Frauen- und Mädchengruppe in der ,,Freien Turnerschaft" und organisiert als Kassiererin des ,,Arbeiter-Kultur-Kartells" Veranstaltungen. Vom Januar 1927 bis 1929 ist Juliane Bartels – sie hat inzwischen geheiratet – 1. Schriftführerin des Ortsvereins; ab September 1929 gehört sie einem Ausschuß an, der die Frauenarbeit der SPD intensivieren und die Aktivitäten der Frauengruppen koordinieren soll. Im Januar 1930 wird sie 2. Vorsitzende der Frauengruppe.

Als Beruf übt sie von 1919 bis 1931 die Tätigkeit einer Redaktions-Stenotypistin bei der ,,Volkszeitung" aus. Nach ihrer Scheidung im Jahre 1931 zieht sie nach Neusalz und wird dort Filial-Leiterin der ,,Neusalzer Volksstimme", die in Görlitz gedruckt wird. Als die sozialdemokratischen Zeitungen 1933 verboten werden, findet Juliane Bartels nach kurzer Zeit der Arbeitslosigkeit Arbeit als Sekretärin in einem Neusalzer Großbetrieb; diese Tätigkeit übt sie bis zu ihrer Flucht nach Flensburg im Januar 1945 aus. 1936 ist sie in Neusalz die Ehe mit dem aus Flensburg stammenden B. Böttcher eingegangen; wann diese Ehe geschieden wurde und die dritte Heirat stattfand, ist nicht bekannt.

1945 findet sie mit ihrer Familie zunächst Unterkunft bei ihrem Bruder. Sie engagiert sich wieder in der Partei, wird in der SPF, der wegen ihrer separatistischen Bestrebungen von der Gesamtpartei ausgeschlossenen SPD-Ortsgruppe, Kassiererin und Leiterin der Frauengruppe. Von 1948 bis 1955 ist sie Mitglied der Flensburger Ratsversammlung; sie arbeitet in den Ausschüssen für Volks- und Mittelschulen, für die Handelslehranstalt, für Gesundheit, für Flüchtlinge bzw. Vertriebene sowie in den Ausschüssen für Preisüberwachung und für Rechnungsprüfung mit.

1950 kommt es in der SPF zu einer innerparteilichen Auseinandersetzung, als Lissie Neumann Juliane Decker als Nachfolgerin des aus dem Amt scheidenden, besoldeten Stadtrats Nicolaus Reiser vorschlägt. Die Genossen sprechen Juliane Decker als Frau die Kompetenz ab, das zu besetzende Ressort für Wohnungswesen leiten zu können. Trotz ihres Protestes können sich die Genossinnen nicht durchsetzen, das Amt wird mit einem Mann besetzt.

Ihren Lebensunterhalt verdient sich Juliane Decker von 1950 bis zu ihrer Rente im Oktober 1960 als Sekretärin des Nordmark-Sinfonie-Orchesters.

1962 erhält Juliane Decker erneut ein Mandat als Ratsfrau und wird Mitglied in den Ausschüssen für Friedhofs- und Gartenanlagen, für Wohnungswesen sowie im Kreditausschuß. Am 4. April 1963 legt sie ihr Amt aus gesundheitlichen Gründen nieder. Im Jahre 1968 ist sie in Flensburg verstorben. (sji)

DOROTHEA (DOLLY) FRANKE
* 07.06.1913 Kiel
† 27.08.1993 Kiel

Dorothea Franke, geb. Elwig, wird 1913 in Kiel als Tochter eines Schlachters geboren, die Mutter hatte keinen Beruf erlernt. Da beide Eltern der SPD angehören, erlebt sie schon früh politische Diskussionen über Arbeitsbedingungen, Arbeitslosigkeit und Auswanderung im Elternhaus mit. Zudem begleiten sie und ihre Brüder den Vater, wenn er die eingesammelten Partei- und Gewerkschaftsbeiträge abrechnet. Die Eltern sind der Meinung, daß nicht nur die Söhne etwas lernen sollen, und so schicken sie die Tochter nach der vierjährigen Volksschule auf die Städtische Mittelschule für Mädchen, die sie 1930 mit der Mittleren Reife verläßt. Nach ihrer einjährigen

Ausbildung an der Höheren Handelsschule tritt Dolly Franke eine Stelle als Sekretärin bei einer Versicherung an.

Dolly Frankes sozialdemokratische Aktivitäten beginnen 1931 in der Freien Turnerschaft; im gleichen Jahr stößt sie über die Kinderfreundebewegung Andreas Gayks zur Arbeiterjugend, in der sich vor allem Mädchen engagieren.

Ihre ersten unangenehmen Erfahrungen mit den Nationalsozialisten macht sie, als das Versicherungsbüro, in dem sie arbeitet, durchsucht wird, um Unterlagen der dort versicherten Juden zu beschlagnahmen. In der Folgezeit betätigt sie sich nicht mehr politisch, sondern konzentriert sich auf ihr Familienleben. Die Kontakte zu den sozialdemokratischen Freunden werden aufgrund des allgemein herrschenden Mißtrauens immer spärlicher.

1936 heiratet sie einen Schiffsingenieur, der Soldaten an U-Booten ausbildet, und gibt kurzfristig ihre Berufstätigkeit auf. Ab 1937 arbeitet sie als Sekretärin an der Kieler Universität, später als Angestellte beim Verband landwirtschaftlicher Genossenschaften. 1940 wird ihr Sohn geboren.

1946 tritt Dolly Franke wieder in die SPD ein und initiiert die Frauengruppe des Kieler SPD-Distriktes Nordwest, deren Vorsitzende sie wird.

In den ersten Nachkriegsjahren hält sie überall im Land Vorträge über die Geschichte der Arbeiterbewegung; vor allem aber wird die Aufklärung über Empfängnisverhütung und die Forderung nach der Aufhebung der Paragraphen 218 und 175 zu ihrem Thema. Ergebnis dieser Arbeit ist unter anderem die Schaffung der Kieler Eheberatungsstelle Mitte der 50er Jahre, die die sieben sozialdemokratischen zusammen mit den drei CDU-Ratsfrauen durchsetzen.

Von 1951 bis 1974 gehört Dolly Franke ununterbrochen der Ratsversammlung an und vertritt hier mit Nachdruck den weiblichen Wählerteil. Unter dem Fraktionschef Gustav Schatz leitet sie ab 1952 für viele Jahre das Fraktionsbüro der Kieler SPD; damit ist sie automatisch Mitglied des SPD-Fraktionsvorstandes in der Ratsversammlung.

Während ihrer Zeit als Ratsfrau widmet sich Dolly Franke vor allem sozialen Fragen; sie gehört u.a. dem Jugendwohlfahrtsausschuß, dem Ausschuß für Familienfürsorge, den Ausschüssen für das Wichmannstift und für Fremdenverkehr sowie verschiedenen Schulpflegschaften an. Im April 1962 nimmt sie als nichtstimmberechtigtes Mitglied an der Mitgliederversammlung des Deutschen Städtetages im Landesverband Schleswig-Holstein teil.

Dolly Franke ist am 27. August 1993 in Kiel gestorben. (sji)

HILDEGARD FRANZIUS
* 23.01.1893 Braunschweig
† 18.04.1986 Kiel

Hildegard Franzius, geb. Reinecker, wird 1913 in Braunschweig geboren und absolviert eine Lehrerinausbildung. Ihr Mann stammt aus Kiel. Von 1945 bis

1949 arbeitet dort sie als Arbeiterin in verschiedenen Betrieben.

1948 tritt sie in die CDU ein und leitet seitdem die CDU-Frauengruppe im Kieler Stadtkern; hier kann sie als Achtzigjährige ihr 25jähriges Jubiläum als Vorsitzende feiern. Anläßlich dieser Feier äußert sie die Meinung, daß die Frauenvereinigungen in den Parteien notwendig seien, um die Vorherrschaft der Männer in der Politik zu brechen. Erst diese Organisationen hätten dazu verholfen, daß Frauen in der Politik anerkannt würden und ihr Anteil in den Parteien zunehme. So sei inzwischen jedes dritte CDU-Mitglied eine Frau.

Über den Vorsitz der Kieler CDU-Frauengruppe Stadtkern hinaus wird sie stellvertretende Kreisvorsitzende und Vorstand der Landesvereinigung der Frauen in der CDU.

1956 kommt sie als Nachrückerin in die Kieler Ratsversammlung, der sie bis 1962 angehört. Schon 1950 ist sie bürgerliches Mitglied im Fürsorgeausschuß gewesen; als Ratsfrau gehört sie den Ausschüssen für Volksbildung, Schule, Vertriebene, Jugendwohlfahrt und Fürsorge sowie der Schulpflegschaft für die Städtische Bildungsanstalt für Frauenberufe an.

Daneben ist sie Mitbegründerin der Verbraucher- und Familienberatung, dessen Vorstand sie viele Jahre angehört. Darüber hinaus hat sie viele Ehrenämter inne: zehn Jahre wirkt sie als Heimatkreisbetreuerin des Kreises Niederbarnim, als Schöffin, als Mitglied im Landesfrauenrat, in der Landsmannschaft Berlin/Mark Brandenburg und im Gütezeichenausschuß der Landwirtschaftskammer.

Für ihre Verdienste in der Kommunalpolitik erhält sie am 1. November 1973 von Innenminister Titzck das Bundesverdienstkreuz am Bande.

Hildegard Franzius ist im April 1986 in Kiel verstorben. (sji)

LOUISE (LISA) HANSEN
* 10.04.1902 Kiel
† 05.03.1976 Kiel

Lisa Hansen wird 1902 als Tochter des Geschäftsführers der Vereinsbäckerei Gaarden und Mitbegründers der SPD in Kiel, Johannes Meitmann, in Ellerbek geboren. Aufgewachsen und zur Schule ge-

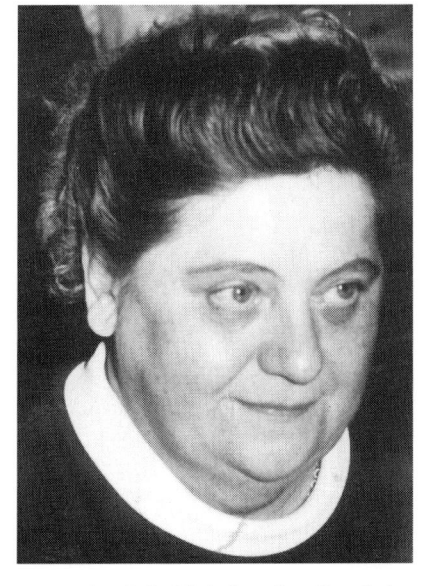

der im Mai 1933 nach Kopenhagen emigriert ist, wo er im neu aufgebauten Grenzsekretariat für den Bereich Nordwesten, Hamburg, Pommern und Schleswig-Holstein den Widerstand organisiert und im „Matteotti-Komitee" über die Anerkennung und Förderungswürdigkeit sozialdemokratischer Flüchtlinge entscheidet. Lisa Hansen lebt bis 1945 in Dänemark und Schweden; von ihrem Mann, der in die USA geht, lebt sie fünf Jahre getrennt; ihre beiden Söhne ernährt sie durch Heimarbeit. Erst 1948 findet die Familie im zerstörten Kiel wieder zusammen.

Trotz eigener Probleme setzt sich Lisa Hansen nach 1945 für alle ein, „*die sich nicht selbst helfen können*". Während ihr Mann als Sekretär bei der SPD-Landtagsfraktion arbeitet, wird sie 1951 über die SPD-Liste in die Kieler Ratsversammlung gewählt, der sie zunächst bis 1955 und dann von 1959 bis 1962 angehört. 1963 rückt sie noch einmal in das Gremium nach und bleibt bis 1966 Ratsfrau. Neben ihrer Arbeit u.a. in den Ausschüssen für Volksbildung, Gesundheit und Krankenhaus, Fürsorge und Jugendwohlfahrt nimmt sie Aufgaben in verschiedenen Schulpflegschaften wahr. 1952 wird sie Vorsitzende der kommunalpolitischen Arbeitsgemeinschaft der SPD-Frauengruppe; von 1957 bis 1959 und von 1962 bis 1967 (?) gehört sie als Vertreterin der Arbeitsgemeinschaft Kieler Frauen dem Beirat für Verkehrsangelegenheiten an.

gangen ist sie in Kiel-Gaarden. Durch das sozialistische Elternhaus kommt sie früh mit den sozialen Problemen in Berührung; 1916 tritt sie in die Arbeiterjugend und 1920 anläßlich ihres 18. Geburtstags in die SPD ein.

1923 heiratet sie Richard Hansen, den Begründer und Vorsitzenden des Reichsbundes in Schleswig-Holstein, der bis 1933 als Gauleiter dem Reichsbanner im Lande vorsteht. Aus der Ehe gehen zwei Kinder hervor; der Sohn Richard wandert nach Pennsylvania (USA) aus und wird dort zweiter Vorsitzender der Eisenbahnergewerkschaft.

Von 1928 bis 1933 hat Lisa Hansen den Vorsitz der SPD-Frauengruppe Kiel-Süd inne. Als leidenschaftliche Sozialistin arbeitet sie in der Nazizeit im Widerstand mit und muß deshalb Schleswig-Holstein verlassen. Sie folgt ihrem Mann,

Noch im Alter von 65 Jahren hat sie viele Ehrenämter inne, sie ist bürgerliches Mitglied im Jugendwohlfahrtsausschuß und im Vorstand des Kieler Stadtklosters, in den sie bereits 1952 gewählt wurde. Hier setzt sie sich unermüdlich für die Alten im Heim ein und ist im Stadtkloster selbst als Siebzigjährige noch täglich anzutreffen. Darüber hinaus wirkt sie im Kuratorium für Bau und Verwaltung der ,,Professorenhäuser'' des Arbeiter-Samariter-Bundes am Krummbogen mit. Ihr Interesse gilt vor allem den in den Heimen auftretenden menschlichen Problemen; die Heimleiterinnen haben sie als stets bereite, sachkundige und warmherzige Beraterin geschätzt.

Für ihre Verdienste wird Lisa Hansen mit der Benennung des Elmschenhagener Altenheimes in ,,Lisa-Hansen-Haus'' 1971 und mit der Freiherr-v.-Stein-Medaille geehrt. 1976 ist sie in Kiel verstorben. (sji)

IDA HINZ

* 28.12.1904 Bönebüttel
† 26.05.1986 Kiel

Ida Hinz, geb. Präkelt, wird 1904 in Bönebüttel bei Neumünster in eine gutbürgerliche Familie hineingeboren, die 1904 nach Kiel-Gaarden in die Bahnhofstraße zieht. In der dortigen Zwei-Zimmer-Wohnung, die sie von ihrem Vater später übernimmt, lebt sie bis 1964; aber auch mit ihrem Umzug in die Hofstraße bleibt sie dem Kieler Ostufer treu.

Sie besucht die Volksschule am Kleinbahnhof und wird von den Eltern in den Turnverein der ,,feinen Leute'' geschickt. Mit Arbeiterkindern darf sie nicht spielen. Bereits im Alter von $15^{1}/_{2}$ Jahren muß sie nach dem frühen Tode der Mutter der Familie die Hausfrau ersetzen. Trotzdem findet sie noch Zeit, sich durch Selbstunterricht, durch Teilnahme an Kursen der Volkshochschule sowie durch Vorträge und Diskussionen in der Sozialistischen Arbeiterjugend weiterzubilden, der sie aus Trotz gegen das wilhelminische Bürgertum 1919 beigetritt. Als Siebzehnjährige geht sie 1921 in die SPD, 1928 wird sie Mitglied des Arbeiter-Turn- und Sportbundes. 1931 heiratet sie Friedrich (Fiete) Hinz, den sie bei den Roten Falken kennengelernt hat und mit dem sie 54 Jahre bis zu ihrem Tod zusammenlebt.

1945 gehört Ida Hinz zu den Frauen der ersten Stunde, die entscheidenden Anteil am Wiederaufbau der SPD in Kiel haben. Während ihr Mann die Geschäfte des Kreisausschusses der Arbeiterwohlfahrt leitet, wird sie als Leiterin der Frauengruppe 1946 in den Kreisvorstand aufgenommen. Im Auftrag der Frauengruppe reist sie 1947 nach Dänemark, wo sie um Freundschaft wirbt und Hilfsmaßnahmen für notleidende Kieler Kinder veranlaßt.

Von 1946 bis 1974, also 28 Jahre, vertritt sie den Wahlkreis Gaarden-Ost in der Ratsversammlung. In den Ausschüssen für Wohnungsfragen, für Flüchtlinge, Gesundheitswesen, Fürsorge und Jugendwohlfahrt setzt sie sich für die Lösung der sozialen Probleme der Nachkriegszeit ein. 1951 übernimmt sie das damals angesichts der unvorstellbaren Wohnungsnot – es fehlen 18 240 Wohnungen – undankbarste und für viel Konfliktstoff sorgende Dezernat für Wohnungswesen. Nicht nur im Amt, sondern auch vor ihrer Wohnung stehen die Bittsteller Schlange.

Von 1955 bis 1970 leitet sie das Kieler Gartenamt und setzt sich für die Schaffung zahlreicher Grünflächen in Kiel und für die Belange der Kleingärtner ein. Unter ihrer Regie entsteht der Holstenplatz.

Ab 1951 gehört sie dem Präsidium der Kieler Ratsversammlung und dem Fraktionsvorstand der SPD an.

Eng verbunden mit ihrer Arbeit als Dezernatsleiterin sind ihre weiteren Ämter wie die Mitgliedschaft im Aufsichtsrat der Kieler Wohnungsbaugesellschaft, als zweite Vorsitzende der Kreisgruppe Kiel in der Schutzgemeinschaft Deutscher Wald und als stellvertretende Vorsitzende des Kreiskuratoriums Unteilbares Deutschland. Darüber hinaus arbeitet

sie im Vorstand der Bezirksgruppe Gaarden des Allgemeinen Kieler Kommunalvereins (AKKV) sowie im Vorstand der Marie-Christian-Heime mit und ist ehrenamtliches Vorstandsmitglied der Vereinsbäckerei Gaarden.

Für ihre Verdienste *„um das Wohl der Stadt Kiel und ihrer Einwohner"* erhält Ida Hinz 1961 vom Allgemeinen Kommunalen Verein (AKKV) die Goldmedaille. 1969 wird das neue Jugendheim der Marie-Christian-Heime nach ihr benannt. 1970 wird ihr das Bundesverdienstkreuz erster Klasse verliehen. Übertroffen wird diese Ehrung durch ihre einstimmige Ernennung zur Stadtpräsidentin Kiels im Mai 1970, nachdem sie zuvor bereits seit 1951 als erste und zweite stellvertretende Stadtpräsidentin amtiert hatte. Damit erhält sie nicht nur als erste Frau in Kiel, sondern auch in der Bundesrepublik dieses höchste kommunale Amt. In ihre Amtszeit fallen die Olympischen Segelwettbewerbe 1972, in deren Rahmen sie Kiel vor der Weltöffentlichkeit repräsentiert. Darüber hinaus knüpft und festigt sie viele Kontakte nach Skandinavien.

Welcher allgemeinen, parteiübergreifenden Wertschätzung sich Ida Hinz erfreute, wird auch an dem ihr am Ende ihrer Amtszeit im Mai 1974 verliehenen Ehrenbürgerbrief deutlich, der 1841 zum ersten Mal vergeben wurde und den vor ihr nur 15 Männer, darunter an 15. Stelle Bundespräsident Heuss, erhalten hatten.

Ida Hinz ist am 26.5.1986 im Alter von 81 Jahren in Kiel gestorben. (sji)

THOMASINE (TONI) JENSEN

* 25.09.1891 Aalborg/Dänemark
† 20.10.1970 Kiel

Thomasine Jensen wird 1891 als ältestes von sechs Kindern des Werkmeisters P. Jensen in Aalborg geboren, wächst aber die ersten drei Lebensjahre in Tönning/Eiderstedt auf. Nach der Übersiedlung der Familie nach Kiel, wo der Vater auf der Germaniawerft Arbeit gefunden hat, besucht sie nach vier Jahren an der Volksschule von 1902 bis 1908 die Erste Mädchen-Mittelschule und anschließend bis 1911 die Präparanda und das Kgl. Lehrerinnenseminar in Augustenburg, wo sie am 16.2.1911 die Volksschul-Lehrerinnenprüfung ablegt. Weil in Kiel kein Bedarf an Vertretungslehrerinnen ist, wird sie ab April 1911 im Schuldienst

der Stadt Gelsenkirchen tätig, bis sie am 24.9.1915 eine Stelle zunächst als Hospitantin und dann als Vertretungslehrerin an der Knaben- und Mädchenvolksschule in Kiel-Ellerbek erhält. Ihre Anstellung als Lehrerin erfolgt am 1.4.1917; ab Februar 1918 ist sie an der 3. Knabenvolksschule in der Kieler Von-der-Tann-Straße, ab Januar 1919 an der 9. Mädchenvolksschule im Königsweg beschäftigt.

Wann genau sie in die SPD eingetreten ist, ist nicht bekannt; aber bereits 1919 wird sie wegen ihres politischen Engagements zur Stadtverordneten in Kiel gewählt. Nach der Gründung der Arbeiterwohlfahrt in Kiel wird sie deren erste Vorsitzende. Am 29.11.1920 läßt sie sich vom Schuldienst beurlauben, weil sie als Kandidatin der SPD für den Preußischen Landtag kandidiert, dem sie vom 20.2.1921 bis zur nationalsozialistischen Machtergreifung ununterbrochen angehört. Während Louise Schroeder die schleswig-holsteinische Landesliste der SPD für den Reichstag anführt, kandidiert Toni Jensen auf dem zweiten bzw. dritten Listenplatz für den Preußischen Landtag. Von 1924 bis 1933 gehört sie dem Parteiausschuß der SPD an und nimmt regelmäßig an den Parteitagen und Frauenkonferenzen teil.

Als Mitglied des Unterrichtsausschusses und ab 1926 auch des Hauptausschusses ist sie maßgeblich an der Bearbeitung bildungs- und kulturpolitischer Fragen beteiligt. Sie widmet sich vor allem den Belangen der Volksschule, der Schaffung der Pädagogischen Akademien und der Förderung der Begabten. So sorgt sie dafür, daß 1926 einer der drei neu zu gründenden Pädagogischen Akademien nach Kiel kommt.

Ihr starkes Interesse an den Fragen der Erwachsenenbildung veranlaßt sie zur Gründung der „Gesellschaft der Freunde und Förderer der Arbeitervolkshochschulen", deren 1. Vorsitzende sie bis 1933 ist. Zudem ist sie 1928 maßgeblich an der Gründung der Volkshochschule mit Internat in Harrisleefeld beteiligt. Anfang der 30er Jahre ist sie im Gespräch als mögliche erste weibliche Oberpräsidentin Preußens, nämlich für Schleswig-Holstein, aber Braun und Severing, die diese Pläne hegen, werden durch den Preußenputsch Franz von Papens 1932 entmachtet und müssen 1933 ebenso wie die Landtagsabgeordnete Toni Jensen dem nationalsozialistischen Regime weichen.

Am 1.11.1933 wird Toni Jensen nach dem Gesetz zur Wiederherstellung des Berufsbeamtentums aus dem Schuldienst entlassen. Ihr großer Freundeskreis, zu dem u.a. auch Andreas Gayk gehört, endet zum Teil in den Konzentrationslagern oder geht in die Emigration. 1935 besucht sie auf Einladung einiger Amerikaner für ein Jahr die USA, um dort Einrichtungen der Erwachsenenbildung zu studieren. Anschließend folgt sie einer Einladung von Lehrerinnenorganisationen in England, wo sie sich in Birmingham und Manchester mit neuen Einrichtungen der englischen Volksschule beschäftigt. Nach Kiel zurückgekehrt, erteilt sie ab 1936 Privatunterricht, vor allem in Englisch, Französisch und Latein; in den letzten Kriegs- und den ersten Nachkriegsmonaten hält sie diesen Unterricht in Satrup/Angeln ab.

Im Dezember 1945 wird Toni Jensen von der Britischen Militärregierung zum Mitglied der ernannten Ratsversammlung und am 1. Februar 1946 zur Städtischen Schulrätin in Kiel ernannt; einen Monat später erfolgt die Ernennung zur Städtischen Oberschulrätin. Zunächst übernimmt sie das Dezernat für das Volksschulwesen, ab April 1947 leitet sie bis zu ihrer Versetzung in den Ruhestand am 30.9.1956 das Dezernat Schule und Kultur, das ihr angesichts der ungeheuren Zerstörungen ein enormes Arbeitspensum abverlangt.

Mit unerbittlicher Willenskraft und unerschütterlicher Bestimmtheit setzt sie sich für den Wiederaufbau und die Erneuerung der schulischen und der kulturellen Einrichtungen ein und prägt mit ihren Ideen nachhaltig das Gesicht der Stadt Kiel.

Als im April 1949 wegen der Doppelfunktion des Justizministers Katz das Amt des schleswig-holsteinischen Volksbildungsministers neu besetzt werden soll, spricht sich das Kabinett einstimmig für Toni Jensen aus, die sich neben dem Landrat Siegel um das Amt beworben hat. Zu ihrer Ernennung zur Ministerin kommt es allerdings dann nicht, stattdessen führt Käber das Ressort weiter.

Zuständig für die städtischen Bühnen, fällt in Toni Jensens Amtszeit als städtische Dezernentin die Wiedereröffnung des Theaters am Kleinen Kiel während der Kieler Woche 1953. Durch die Berufung der bedeutenden Intendanten Noller und Sellner gibt sie dem Kieler Kulturleben entscheidende Impulse. Einen Theaterskandal hält sie für ein befruchtendes Ereignis, eine Erkenntnis, die aus ihrer

91

Erfahrung mit der großen Theaterzeit Berlins in den 20er Jahren resultiert.

1949 leitet Toni Jensen mit der Grundsteinlegung für die Goethe-Schule am Westring die moderne Pavillon-Bauweise im Kieler Schulwesen ein. Kritik der Opposition an der teuren Bauweise begegnet sie mit dem Hinweis, daß Fotos der neuen Kieler Schulbauten selbst im UN-Gebäude in Genf ausgestellt worden seien. Hand in Hand mit der äußeren geht die innere Erneuerung insbesondere der Volksschulen, in denen Fachräume eingerichtet und neben den musischen vor allem auch die technischen Unterrichtsfächer gefördert werden, um die Volksschülerinnen und Volksschüler an die moderne Welt der Technik heranzuführen. Modernen Unterrichtsmethoden wie Gruppenunterricht, Ganzheitsmethode und neuen Formen des Fremdsprachenunterrichts steht Toni Jensen immer aufgeschlossen gegenüber; durch häufige Schulbesichtigungen stellt sie einen engen Kontakt zu den Kollegien her. Am Ende ihrer Dienstzeit 1956 sind die gravierendsten Mängel im Kieler Schulwesen behoben, der nachkriegsbedingte Schichtunterricht ist fast an allen Schulen beendet. Aber ihr erklärtes Ziel, Ganztagsschulen in Kiel einzurichten, hat sie während ihrer Dienstzeit nicht verwirklichen können. Die erste Volksschule dieser Art, die 1970/71 in Dietrichsdorf errichtet wird, erhält noch zu ihren Lebzeiten ihren Namen. Die Einweihung der Toni-Jensen-Schule im Januar 1971 hat sie allerdings nicht mehr erlebt.

Als großes Manko empfindet Toni Jensen in den 50er Jahren, daß sich im Zeitalter der Gleichberechtigung eine Lehrerin zwischen Beruf und Familie entscheiden muß und damit wohlerworbene Rechte verliert. Stattdessen plädiert sie dafür, das Recht der Frauen gesetzlich so zu verankern, erst nach sechs oder sieben Jahren in den alten Beruf zurückkehren zu dürfen, wobei erworbene Rechte wieder aufleben sollen.

Auch nach ihrer Pensionierung ist Toni Jensen weitere zehn Jahre an der Gestaltung des Kieler Schulwesens beteiligt; von 1959 bis 1966 gehört sie als ehrenamtliche Stadträtin für das Berufsschulwesen der Kieler Ratsversammlung an. Dank ihrer Initiative können die Berufsschulen I-III, die Kaufmännische Berufsschule und die Bildungsanstalt für Frauenberufe in neue moderne Gebäude einziehen. Am Westring entsteht das Berufsschulzentrum. Für ihre Verdienste in diesem Bereich und wegen ihrer Aufgeschlossenheit gegenüber den Nachwuchssorgen der Wirtschaft verleiht ihr die Industrie- und Handelskammer zu Kiel die Ehrenplakette der Kammer.

Toni Jensen ist kein Mensch der großen Worte gewesen; Eitelkeit und Repräsentation spielten für sie keine Rolle. Ihre Entscheidungen waren von großer Sachlichkeit, aber auch von einer Bestimmtheit getragen, die teilweise an Schroffheit grenzte und den Zugang zu ihr erschwerte. Wegen ihres unermüdlichen Einsatzes für die Sache und wegen ihrer Weitsicht genoß sie aber hohes Ansehen.

Aus Altersgründen kandidierte Toni Jensen 1966 nicht wieder für die Ratsversammlung. Am 20.10.1970 ist sie in Kiel im Alter von 78 Jahren gestorben. (sji)

HEDWIG JUNG

* 20.06.1894 Neuhof/Usedom-Wollin
† 08.01.1983 Greifswald

Hedwig Jung, geb. Weißenburg, wird 1894 in Neuhof als Tochter eines Landwirtes geboren. Sie besucht die Volksschule und später die Gewerbe- und Haushaltungsschule. Als ihr sie großen Unterschiede zwischen Besitzenden und Besitzlosen bewußt werden, tritt sie 1920 gegen den Willen der Eltern der KPD bei. Nach dem Ersten Weltkrieg geht sie ins Ruhrgebiet und erlebt dort die Niederwerfung von Arbeiteraufständen. Ab 1922 wohnt sie in Kiel, wo ihr Mann kurze Zeit nach dem Umzug verstirbt. Ihre beiden Kinder muß sie dann unter großen Mühen durchbringen.

In nationalsozialistischer Zeit wird sie wiederholt von der Gestapo vorgeladen, weil sie die politische Frauenarbeit der KPD fortsetzt. Nach dem Zusammenbruch der Diktatur nimmt sie 1945 diese Arbeit wieder auf und wird von der Britischen Militärregierung in die Ratsversammlung berufen, wo sie im Gesundheitsausschuß mitarbeitet. Besondere Verdienste erwirbt sie sich in der Säuglingsfürsorge und in der Betreuung der Schulkinder, bei der Errichtung von Kinderheimen und Heilstätten der TBC-Kranken.

Bei der ersten Kommunalwahl 1946 kandidiert sie im Wahlbezirk VII (Gaarden-Ost), anschließend gehört sie vom September 1946 bis zum November 1947 als stellvertretendes Mitglied dem Beratungsausschuß beim Arbeitsamt an.

Über ihre Aktivitäten in der folgenden Zeit ist nichts bekannt; 1969 ist sie zu ihrem Sohn nach Wolgast in die DDR gezogen. Im Januar 1983 ist sie in Greifswald verstorben. (sji)

MAGDA JUNG

*12.02.1909 in Bremen

Magda Jung, geb. Stieper, wird am 12.2.1909 in Bremen geboren. Über ihre Lebensumstände vor 1945 ist bisher nichts bekannt.

Nach dem Krieg baut sie zusammen mit Frieda Bendfeldt und Emma Schmidt die Kieler Arbeiterwohlfahrt wieder auf, deren Vorstand sie angehört. Magda Jung spricht damals viele Frauen an, um Helferinnen bei den zunächst vordringlichsten Aufgaben der AWO wie Schulspeisungen, Kinderferienbetreuung und Betreuung in den Flüchtlingslagern zu gewinnen. Bei den ab 1946 wieder stattfindenden täglichen Strandfahrten nach Laboe, später nach Falckenberg, betreut sie mit vielen anderen Helferinnen und Helfern täglich 1500 Kinder aus den verschiedenen Kieler Stadtteilen. Aufgrund ihrer Erfahrung in der Jugendarbeit wird sie in den städtischen Fachausschuß für Jugendwohlfahrt berufen, dem sie vom Oktober 1946 bis Oktober 1948 und vom Dezember 1948 bis Mai 1951 als Vertreterin der Arbeiterwohlfahrt angehört.

Neben der Jugendarbeit ist Magda Jung Leiterin der Nähstuben der AWO, in denen alte Kleidungsstücke umgearbeitet und Nähkurse für Frauen durchgeführt werden.

Bei der Kommunalwahl 1951 erringt sie mit dem 22. Listenplatz ein Ratsmandat für die SPD. Sie arbeitet im Vertriebenen-, im Jugendwohlfahrts- und Fürsorgeausschuß mit, den beiden letzten gehört sie als bürgerliches Mitglied noch bis zum Oktober 1959 an. (sji)

MARIA KLANN

* 15.01.1904 Wanne-Eickel
† 12.05.1994 Lübeck

Maria Klann, geb. Burbaum, wird 1904 in Wanne-Eickel geboren und wächst in Witten an der Ruhr auf. Mit 16 Jahren wird sie 1920 Mitglied des Kommunistischen Jugendverbandes Deutschlands (KJVD). Als sie sich während des Kapp-Putsches als Sanitäterin um Verwundete kümmert, wirft ihr Vater sie wegen ihres politischen Engagements aus dem Haus. Sie geht zunächst nach Bochum, wo sie eine Anstellung im Parteibüro der KPD erhält. Während des Ruhrkampfes wird sie 1923 wegen einer Flugblattaktion gegen die französische Besatzung festgenommen und nach Dortmund gebracht, wo sie in den Hungerstreik tritt. Acht Tage später wird sie in Mainz von einem französischen Militärgericht zu einem Jahr Gefängnis verurteilt, aber wegen des bevorstehenden Nationalfeiertages vorzeitig aus der Haft entlassen. Bis 1928 lebt sie dann in Bochum; 1928 geht sie nach Hamburg, wo sie Mitglied der KPD-Bezirksleitung Wasserkante und rechte Hand des Bezirksvorsitzenden Hermann Schubert wird. Bei der Kommunalwahl 1930 erhält sie ein Mandat für die Hamburger Bürgerschaft, das sie bis zur nationalsozialistischen Machtübernahme innehat.

In Hamburg heiratet sie Erich Krollmann, den Führer der Roten Jungfront an der Wasserkante, der 1932 nach dem ,,Altonaer Blutsonntag" befreit und in die Sowjetunion geschickt wird. Dort besucht er die Militärakademie und die Leninschule, wird 1937 verhaftet und stirbt 1945 unter ungeklärten Umständen.

Maria Krollmann folgt im Oktober 1932 ihrem Mann nach Moskau und studiert anderthalb Jahre an der Leninschule. Ende Februar 1934 kehrt sie nach Deutschland zurück, um den illegalen Widerstand gegen die Nationalsozialissten zu organisieren. Über Prag gelangt sie zunächst nach Berlin in das dortige Büro der illegalen KPD, dann nach Leipzig, wo sie als Oberberaterin des Widerstandes für Leipzig, Chemnitz und Dresden zuständig ist.

Als im Sommer 1934 viele Parteigenossen in Leipzig verhaftet werden, lehnt sie die ihr vorgeschlagene Emigration ab und geht stattdessen nach Mannheim, um dort ihre illegale Arbeit fortzusetzen. Am 3. Januar 1935 wird sie verhaftet; weil sie ihre Identität nicht preisgibt – ihr Deckname ist „Hertha aus Leipzig" – wird sie von der Gestapo nach Leipzig gebracht und gefoltert. Das gegen sie ausgeprochene Todesurteil wird in 15 Jahre Zuchthaus umgewandelt; drei Haftjahre verbringt sie in Lübeck-Lauerhof, dann wird sie ins schlesische Jauer in der Nähe von Auschwitz verbracht. Von dort gelangt sie im Januar 1945 zu Fuß nach Dresden, im April 1945 kommt sie nach Lübeck, wo sie zusammen mit Erich Klann, den sie 1946 heiratet, die KPD leitet und sich zunächst ausschließlich der Arbeit in der Antifaschistischen Aktion widmet.

Erich Klann, in den 20er Jahren Betriebsratsvorsitzender der Travewerft, gehörte von 1921 bis 1933 Mitglied der Lübecker Bürgerschaft an und war Fraktionsvorsitzender der KPD. Während der nationalsozialistischen Diktatur war er von 1933 bis 1938 und von 1939 bis 1945 im KZ Sachsenhausen inhaftiert. Seine erste Frau, Minna Klann, erlag 1941 im Krankenhaus einem Lungenleiden, das sich durch ihre Haft verstärkt hatte. Sie war nach 1933 maßgeblich am Aufbau der illegalen KPD-Arbeit in Lübeck beteiligt gewesen, wurde 1935 verhaftet

und im Dezember 1936 zu einer achtjährigen Zuchthausstrafe verurteilt. Auch Klanns vierzehnjährige Tochter Erika wurde 1935 inhaftiert.

Wie Erich Klann wird Maria Krollmann 1945 von den Britischen Militärbehörden zum Mitglied der Lübecker Bürgerschaft ernannt, das Mandat hat sie bis 1946 inne. Sie arbeitet im überparteilichen Lübecker Frauenausschuß mit, in dem die KPD-Frauen dominieren.

Zusammen mit der KPD-Frauenleiterin Edith Lachmann und Hildegard Kyburz ruft sie im August 1946 ein Komitee ins Leben, das die Anerkennung des Lübecker Frauenausschusses bei den Lübecker Behörden und der Britischen Militärregierung durchsetzen soll. Auf der Gründungsversammlung werden bemerkenswerte frauenpolitische Forderungen erhoben: wirtschaftliche, politische und soziale Gleichberechtigung der Frau in allen Verwaltungsstellen und auf allen Gebieten des öffentlichen Lebens; gleiche Berufsausbildung und gleiche Aufstiegsmöglichkeiten für Frauen und Mädchen; gleicher Lohn für gleiche Arbeit; Ausbau der Fürsorge für Mutter und Kind; Berufung von Frauen in alle Berufs-, Industrie- und Gewerbevertretungen; Anerkennung der Arbeit der Hausfrau durch Heranziehung bei allen wirtschaftlichen Fragen; Heranziehung der Frauen beim Neubau der Städte und Wohnungen; entscheidendes Mitwirken der Frauen in der Schule und bei der Erziehung sowie Rechts- und Gesetzesgleichheit.

1948 und 1951 kandidiert Maria Klann wieder bei den Kommunalwahlen in Lübeck, 1950 bei der Landtagswahl;

ihre Partei erhält seit 1948 keine Mandate mehr. Von 1947 bis 1952 steht sie dem Lübecker Kreisverein der VVN vor. Ihr Ehemann stirbt bereits am 5. Dezember 1948 an den Folgen der KZ-Haft.

Maria Klanns Parteikarriere endet 1952 mit dem Ausschluß aus der KPD; ihr werden Verluste einer Lübecker Speditionsfirma, die sie führt und in die Parteigenossen Kapital investiert haben, zur Last gelegt. 1956 stellt sie einen Beitrittsantrag bei der SPD, dem nach anderthalb Jahren und internen Parteiauseinandersetzungen 1957 stattgegeben wird. Bis 1972 ist sie dann Mitarbeiterin der Arbeiterwohlfahrt, bei der sie in den letzten Lebensjahren noch ehrenamtlich in der Seniorenarbeit tätig ist. 1994 ist sie im Alter von 90 Jahren in Lübeck gestorben. (sji)

GRETA KORN

* 08.07.1899 Hamburg
† 07.04.1989 Flensburg

Greta Korn erlebt als Tochter des Brauereibesitzers August Erichsen, der vor seiner Übernahme der Altonaer „Bavaria-Brauerei" die Flensburger Aktien-Brauerei geleitet hatte, und seiner Ehefrau Luise Margarethe eine behütete Kindheit. Ihre Schulausbildung schließt sie in einem Pensionat in Bad Pyrmont ab. Nach dem zweijährigen Besuch der Handelsschule in Hamburg arbeitet sie als Sekretärin im Betrieb ihres Vaters, von dem sie viel über den Umgang mit Arbeitskollegen lernt.

1923 heiratet sie den Flensburger Reeder Carl Schmidt; die beiden Töchter werden 1924 und 1927 geboren. Als 1932 der Ehemann stirbt, wird zunächst erwogen, die Reederei, die durch die Weltwirtschaftskrise schwer getroffen ist, zu verkaufen. Mit Hilfe ihres Vaters und der Familie ihres verstorbenen Schwagers gelingt es, die Krise zu überwinden. Greta Korn übernimmt die Geschäftsführung und kann in den 30er Jahren neue Schiffe in den Dienst der Reederei stellen, die allerdings im Krieg bzw. als Reparationsleistungen nach dem Krieg verloren gehen. Greta Korns zweiter Ehemann, der Marineoffizier Hans Korn, den sie 1938 geheiratet hat, stirbt 1940 auf seinem Minensuchboot vor Ostende.

Nach dem Krieg baut Greta Korn unter schwierigen Bedingungen die Reederei wieder auf, so daß 1949 das erste Schiff in Dienst gestellt werden kann. Zehn Jahre später ist die Reederei die größte in Flensburg. 1961 scheidet Greta Korn aus dem Vorstand der Firma aus, bleibt aber Mitglied des Aufsichtsrates und Hauptaktionärin.

Ihr politisches Engagement beginnt mit der Kommunalwahl des Jahres 1955 als Kandidatin der CDU, die sich mit der FDP zum Bündnis ,,Wählergemeinschaft Deutsches Flensburg" zusammengeschlossen hat. Bis zum Nachrücken Heinke Brodersens (CDU) im Jahre 1957 ist Greta Korn die einzige Frau in der Ratsversammlung. Auch in der nächsten Legislaturperiode von 1959 bis 1962 gehört sie dem Stadtparlament an; danach kandidiert sie nicht mehr. Sie arbeitet in den Ausschüssen für Wohlfahrt, Hafen, für Rechnungsprüfung, für die Städtischen Handelslehranstalten und Wirtschaftsoberschule mit und legt einen besonderen Schwerpunkt auf die Arbeit im Kulturausschuß, für die sie im Nachruf von der Stadt gewürdigt wird. Außerdem übernimmt sie 1957 die Schulpflegschaft für die Mädchenberufsschule.

Ihr politisches Interesse und Engagement gibt sie an ihre Tochter Ingrid Groß weiter, die als erste Frau in Flensburg das Amt der Stadtpräsidentin bekleidete.

1959 wird Greta Korn mit dem Verdienstkreuz am Bande des Verdienstordens der Bundesrepublik Deutschland ausgezeichnet. Im Jahre 1989 ist sie in Flensburg gestorben. (sji)

IRMGARD KREMER
* 12.05.1918 Kiel

Irmgard Kremer, geb. Körber, wird 1918 in Kiel geboren. Ihr Vater stirbt im Dezember 1919 im Alter von 34 Jahren. 1922 gründet die Mutter in der Kieler Kirchhofallee eine Wäscheschneiderei, die die Lebensgrundlage für sich und die Tochter bildet und die sie auch nach ihrer Wiederverheiratung im Jahre 1929 weiterführt. Aufgrund ihrer katholischen Religionszugehörigkeit erhält Irmgard Kremer von 1924 bis 1933 eine Schulausbildung im Ursulinen-Internat in Eutin. Anschließend erlernt sie den Beruf der Wäscheschneiderin, um nach dreijähriger Lehrzeit als Gesellin im Geschäft ihrer Mutter mitzuarbeiten.

Ihre Berufstätigkeit gibt sie nach ihrer Heirat im Jahre 1942 und der Geburt

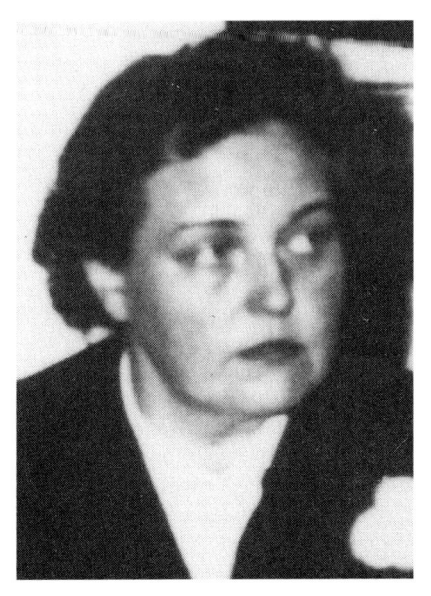

ihres Sohnes im gleichen Jahr für kurze Zeit auf. Ihr Mann ist während des Krieges als Zivilist in Norwegen stationiert. 1946 läßt sie sich von ihrem Mann scheiden und arbeitet wieder im Wäschegeschäft. 1948 legt sie ihre Meisterprüfung ab und und leitet zunächst mit ihrer Mutter, dann allein die Wäscheschneiderei, die allerdings 1964 aufgegeben werden muß, weil durch das Aufkommen der Nylon-Hemden die Nachfrage nach geschneiderten Oberhemden sinkt. Von 1964 bis Ende 1967 arbeitet sie im Hamburger Versorgungsamt, danach kehrt sie nach Kiel zurück, ohne wieder berufstätig zu werden.

Kurz vor der Kommunalwahl des Jahres 1955 folgt Irmgard Kremer der Bitte Kieler Geschäftsleute, doch in die FDP einzutreten, woraufhin sie als Kandidatin des „Kieler Blocks" im Wahlkreis XIII aufgestellt wird. Als ein CDU-Mann im Oktober 1957 aus der Ratsversammlung ausscheidet, rückt sie als nächste auf der Liste nach, allerdings nicht ohne Auseinandersetzung mit ihren Parteifreunden, die zunächst ihren Anspruch auf das Mandat bestreiten und für einen Ersatz des Ausgeschiedenen durch einen CDU-Mann votieren, weil sie einer Frau offenbar die politische Arbeit nicht zutrauen.

Dementsprechend wird sie von den Männern in aus ihrer Sicht relativ bedeutungslose Ausschüsse abgeschoben. Sie arbeitet im Kleingartenausschuß, im Vergabe- und im Kriegsopferausschuß sowie in der Schulpflegschaft für die Mädchenberufsschule mit. Vom November 1959 bis zum April 1962 gehört sie zudem als bürgerliches Mitglied dem Wohnungsausschuß an; sie kümmert sich vor allem

auch darum, daß alte Leute Plätze in Altersheimen erhalten. Daneben betätigt sie sich als Schöffin.

Bei der Kommunalwahl 1959 wird Irmgard Kremer nicht mehr als Kandidatin aufgestellt, was ihrer Meinung nach daran gelegen hat, daß sie aufgrund ihrer eleganten Kleidung und ihres unabhängigen Auftretens viel Neid und Mißgunst erregte. Weil sie durch negative Äußerungen über Katholiken auf einer Parteiversammlung brüskiert wird, tritt sie 1964 aus der FDP aus. Danach ist sie nicht mehr politisch aktiv gewesen.

Irmgard Kremer lebt heute in Kiel.

(sji)

KÄTHE KÜHL

* 09.07.1890 Mogilno
† 14.09.1980 Dießen a. Ammersee

Die Hausfrau Käthe Emilie Sophie Kühl, geb. Bohlmann, gehört der Kieler Ratsversammlung, für die sie 1946 und 1948 direkt kandidiert, von 1946 bis 1951 an. Von Februar/März 1947 bis November 1948 ist sie Mitglied der Kämmerei und arbeitet zudem in einer Vielzahl von Ausschüssen mit. Von 1946 bis 1950 gehört sie u.a. den Hauptausschüssen für Schule und Kultur sowie Gesundheitswesen an, sitzt mehrere Jahre im Fachausschuß für Jugendwohlfahrt und von 1947 bis 1948 im Entnazifizierungsausschuß für das Erziehungs- und Bildungswesen. Von 1948 bis 1951 arbeitet sie auch im Theaterausschuß mit und gehört vom November 1950 bis zum April

1951 dem Beirat für das Jugendaufbauwerk an.

Von 1954 bis 1961 lebt Käthe Kühl in
Schierstein/Wiesbaden, von 1961 bis
1977 in Bad Sachsa; ihre letzten Lebensjahre verbringt sie in Dießen am Ammersee, wo sie 1980 verstorben ist. Ob Käthe
Kühl außerhalb Kiels auch noch politisch
aktiv gewesen ist, ist nicht bekannt. (sji)

MARIE LORENZ

*21.12.1896 Flensburg

Marie Lorenz wird 1896 als Tochter
des Zimmerer- und Glasermeisters Ma-
rius Ramsing und seiner Ehefrau Karo-
line in Klues geboren, das um die Jahr-
hundertwende noch nicht zu Flensburg
gehörte. Einen großen Teil ihrer Kindheit
verlebt sie in Silkeborg. 1919 heiratet sie
Paul Lorenz (1896-1981), der Vorarbei-
ter auf der Flensburger Schiffswerft wird.
Das Ehepaar lebt zunächst in Sandager
bei Rinkenaes, zieht aber während der
Abstimmungszeit 1920 nach Flensburg.
Die Kinder Sonja, Gernot und Einar werden 1919, 1920 und 1923 geboren; Gernot fällt während des Zweiten Weltkrieges, Einar wird nach dem Krieg Chefredakteur beim Flensborg Avis.

Seit der Abstimmung engagiert sich
Marie Lorenz für die dänische Minderheit, deren Vorsitzende sie im Distrikt
Kupfermühle-Klues-Neuhaus-Ramsharde
während der 20er Jahre ist. Treffpunkt
der Mitglieder ist damals die alte dänische Schule in Kupfermühle; hier spielt
Marie Lorenz zusammen mit ihrem Ehemann und dem Lehrer Rattenborg Lai-
entheater und organisiert Feste, Jah-
restreffen und Ausflüge zu befreundeten
Kreisen in Dänemark. Daneben finden
abendliche Treffen mit Werken und
Handarbeiten statt. Kennzeichen des dänischen Kupfermühlekreises ist, daß die
älteren Kinder in die Aktivitäten mitein-
bezogen und für die Arbeit der dänischen
Minderheit motiviert werden.

Nach dem Zweiten Weltkrieg kandidiert Marie Lorenz in ihrem Bezirk für
den SSV bei der Kommunalwahl 1948
und wird Mitglied der Flensburger Ratsversammlung, der sie bis 1951 angehört.
Sie arbeitet im Wohlfahrts- und Fürsorgeausschuß, im Friedhofs- sowie im
Wohnungsausschuß mit, letzterem gehört sie 1959 auch als beratendes Mitglied an. Zusammen mit Frau Glahn
gründet sie den Altenverein „Gamles

Vaern", für den sie unermüdlich tätig ist. Einladungen zu Treffen überbringt sie persönlich, und sie macht viele Hausbesuche bei alten Leuten, um diese aufzumuntern.

Im Jahre 1969 zieht sie mit ihrem Mann in das Bremer-Stift, wo das Ehepaar 1979 Diamantenhochzeit feiern kann. Ihr Mann stirbt zwei Jahre später.

Marie Lorenz hat als hochbetagte Frau noch regen Anteil an der Arbeit der dänischen Minderheit genommen und häufig Veranstaltungen im ,,Margarethe-Klub" in der Apenrader Straße besucht.

Seit einigen Jahren lebt sie im Dänischen Altersheim. (sji)

LISSIE NEUMANN
* 19.09.1896 Flensburg
† 15.02.1963 Flensburg

Lissie Neumann wird 1896 in Flensburg geboren. Zusammen mit ihren Eltern, ihrer Schwester Emmy und dem Bruder Karl betreibt sie eine kleine Bonbonfabrik, in der sie für die Buchhaltung zuständig ist. Anfang der 20er Jahre heiratet sie den Flensburger SPD-Funktionär Karl Brandt, den sie in der Jugendgruppe der SPD kennengelernt hat; sie läßt sich aber nach kurzer Zeit wieder scheiden. Um sich für die Idee des Weltfriedens einzusetzen, engagiert sie sich wie ihr Vater bei den Guttemplern, die sie als internationale Friedensbewegung versteht, und arbeitet bei der Flensburger Ortsgruppe der ,,Internationalen Frauenliga für Frieden und Freiheit" mit, deren Leitung sie spätestens 1930 übernimmt. Im Rahmen dieser pazifistischen Arbeit ist auch ihr Interesse an der Weltsprache ,,Esperanto" zu sehen, die sie in den 20er Jahren selbst unterrichtet.

In der SPD verstärkt Lissie Neumann ihre ehrenamtliche Arbeit nach der Scheidung; ab September 1929 gehört sie einem Arbeitsausschuß an, der die Frauenarbeit intensivieren und die Aktivitäten der Flensburger Genossinnen koordinieren soll. Dabei steht die Auseinandersetzung mit der nationalsozialistischen Ideologie zunehmend im Mittelpunkt der Frauenarbeit.

1929 kandidiert Lissie Neumann bei den Kommunalwahlen und wird zur Stadtverordneten gewählt. Im Januar 1933 wird sie 1. Schriftführerin des SPD-Ortsvereins; in diesem Jahr wird sie zum zweiten Mal ins Stadtparlament gewählt, sie kann ihr Amt jedoch nur bis zum SPD-Verbot im Juni ausüben. Danach wird sie lange Zeit von den Nationalsozialisten in Ruhe gelassen, obwohl die Bonbonfabrik als Treffpunkt sozialdemokratischer Frauen dient, wo Informationen ausgetauscht werden. Nach dem Attentat auf Hitler vom 20. Juli 1944 im August wird sie für mehrere Wochen verhaftet und nach Kiel ins Polizeigefängnis „Blume" gebracht, wo sie wie viele andere Frauen mißhandelt wird und gesundheitliche Schäden erleidet.

Nach Kriegsende engagiert sie sich sofort wieder im neukonstituierten „Sozialdemokratischen Wählerverein", dem ihr Schwager, der spätere Flensburger Oberbürgermeister Fritz Drews, vorsteht. Am 9. September 1945 wird sie von den Britischen Militärbehörden zur Stadträtin ernannt; der ernannten Ratsversammlung gehört sie bis zum 13. Oktober 1946 an. Bei der ersten offiziellen Parteiversammlung am 5. April 1946 wird sie Beisitzerin im Vorstand des Wählervereins, der sich, enttäuscht über den deutschen Weg nach der Abstimmung des Jahres 1920, für den Anschluß Schleswigs an Dänemark ausspricht und mit dem SSW zusammenarbeitet. Wegen seiner separatistischen Bestrebungen wird der Flensburger Ortsverein im Juli 1946 aus der SPD ausgeschlossen, als SPF arbeitet er weiter. Auf Veranstaltungen tritt Lissie Neumann auch als Hauptrednerin auf. Bei der ersten Kommunalwahl im Jahre 1946 kandidiert sie für die SPF und erhält ein Mandat für die Ratsversammlung. Als Ratsfrau arbeitet sie in der Wohlfahrts- und Fürsorgekommission, in der Küchenkommission sowie im Ausschuß für Theater und Orchester mit.

Bei der ersten Landtagswahl 1947 steht sie auf dem 12. Listenplatz des Südschleswigschen Vereins (SSV), da die SPF wegen der verweigerten Zulassung zur Wahl keine eigenen Kandidaten aufstellen kann. Bei der nächsten Kommunalwahl des Jahres 1948 kandidiert Lissie Neumann nicht mehr, arbeitet aber in der nächsten Legislaturperiode der Ratsversammlung als beratendes Mitglied in den Ausschüssen für Volks- und Mittelschulen, für Wohlfahrt und Fürsorge sowie im Sonderhilfsausschuß für frühere KZ-Häftlinge mit.

Bei den Verhandlungen über die Wiedervereinigung von SPF und SPD, die schließlich am 25. Juni 1954 erfolgt, spricht sie sich Anfang der 50er Jahre als Vorstandsmitglied der SPF gegen einen schnellen Anschluß an die Gesamtpartei aus. 1955 kandidiert sie bei der Kommunalwahl noch einmal für die SPD, dann zieht sie sich, gesundheitlich angeschlagen und zermürbt von den Auseinandersetzungen der SPF mit der SPD, aus der Politik zurück und führt fortan ihrer Schwester Emmy und ihrem Schwager Fritz Drews den Haushalt. Da die Bonbonfabrik ihrer Eltern seit 1945 nicht mehr existiert, ist sie finanziell auf ihre Verwandten angewiesen, ein Zustand, unter dem sie zeitweilig leidet. 1963 ist Lissie Neumann in Flensburg gestorben.

Von Angehörigen wird sie heute als engagierte, wortgewandte Frau beschrieben, der es stets um die Sache ging und die sich selbst als Person in den Hintergrund stellte. Dabei hatte sie eine vornehme Art, sowohl was ihr Äußeres betraf als auch im Umgang mit Nachbarn. (sji)

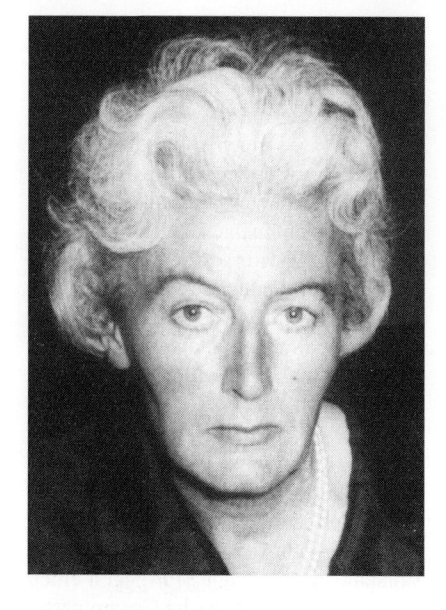

DR. HILDE PORTOFÉE

* 20.08.1912 Dagebüll
† 06.01.1988 Kiel

Hilde Portofée, geb. Paulsen, verwitwete Schäfer, wird 1912 in Dagebüll/ Südtondern geboren. In Kiel besucht sie die Kieler Gelehrtenschule, die sie 1932 nach dem Abitur verläßt. Danach studiert sie Medizin in Graz und Kiel, wo sie 1937 das Staatsexamen besteht. Von 1938 bis 1945 ist sie in Würzburg als Ärztin tätig.

Zur SPD kommt sie durch den sozialistischen Schüler- und Studentenbund, dem sie von 1928 bis 1933 angehört. Nach dem Krieg schließt sie sich in Kiel der SPD an und widmet sich dem Wiederaufbau des Kieler Gesundheitswesens. Bereits im März 1946 gehört sie als bürgerliches Mitglied dem städtischen Unterausschuß für das Gesundheitsamt an. Bei der ersten Kommunalwahl 1946 kandidiert sie als eine der jüngsten SPD-Kandidaten für die Ratsversammlung, der sie dann von 1946 bis 1951 und von 1966 bis 1974 angehört.

Als Ratsfrau arbeitet sie u.a. in den Ausschüssen für Gesundheit und Krankenhaus, für soziale Verwaltung und Flüchtlingsfragen, für Jugendwohlfahrt, für Schule und Kultur sowie für Theater mit. In den beiden letztgenannten Ausschüssen führt sie 1948/49 den Vorsitz. In dieser Zeit wird sie zur ehrenamtlichen Stadträtin, 1950 zur stellvertretenden Stadtpräsidentin ernannt. Auch nach ihrem vorläufigen Ausscheiden aus der Ratsversammlung im Jahre 1955 engagiert sie sich weiter in der Kommunalpolitik, und zwar als bürgerliches Mitglied im Krankenhaus- und im Kriegsopferausschuß. Nach ihrer Wiederwahl im Jahre 1966 widmet sie sich vor allem der Gesundheitspolitik und übernimmt im Mai 1970 als ehrenamtliche Stadträtin das Dezernat Städtisches Krankenhaus und den Vorsitz im Gesundheitsausschuß.

Neben ihrer kommunalpolitischen Arbeit, für die sie 1973 mit der Freiherr-v.-Stein-Medaille und 1976 mit dem Bundesverdienstkreuz ausgezeichnet wird, führt sie ihre Allgemeinpraxis in der Dänischen Straße weiter. Im Januar 1988 ist sie im 76. Lebensjahr in Kiel gestorben. (sji)

RUTH ROESTEL

* 15.11.1913 Lingen/Ems

Ruth Roestel, geb. Düring, wird 1913 in Lingen an der Ems geboren. Das Elternhaus ist politisch neutral; ihr Vater fällt im Ersten Weltkrieg. Nach dem Abitur absolviert Ruth Roestel eine Ausbildung als Gesundheitsfürsorgerin. Im Jahre 1939 heiratet sie und scheidet ein halbes Jahr später aus ihrem Beruf als Fürsorgerin bei der Stadt Kiel aus. Ihr erster Sohn wird August 1940, ihr zweiter Sohn im September 1941 geboren. Ihr Mann ist während des Krieges zunächst im Arsenal in Kiel, später in Stettin beschäftigt. Zeitweise wird Ruth Roestel mit ihren Kindern aus Kiel evakuiert.

Nach dem Krieg tritt man mit der Bitte an sie heran, zunächst als Parteilose in der Stadtvertretung mitzuarbeiten; vom 12.1.1946 bis zum 31.10.1946 gehört sie der von der Britischen Militärregierung ernannten Ratsversammlung Kiels an. Als Ratsfrau arbeitet sie im Ausschuß für soziale Verwaltung und Flüchtlingsfragen, im Flüchtlingsausschuß, im Fachausschuß beim Amt für Familienfürsorge sowie im Entnazifizierungsausschuß für das Erziehungs- und Bildungswesen mit. Darüber hinaus gehört sie vom Juli bis Dezember 1946 dem Entnazifizierungsgremium an.

Ruth Roestel tritt keiner Partei bei und zieht sich 1946 aus der Politik zurück, weil sie sich völlig unvorbereitet und zu unerfahren fühlt, um die Aufgaben in der Stadtvertretung zu meistern. Sie ist damals eine der jüngsten der politisch aktiven Frauen. Hinzu kommt, daß ihr Mann unmittelbar nach dem Krieg seinen Beruf nicht ausübt und während ihrer Amtszeit als Ratsfrau auf die noch kleinen Kinder aufpassen kann. Nach seinem Wiedereinstieg in seinen Beruf ist für sie Politik und Familie nicht mehr vereinbar.

Ruth Roestel lebt in Kiel. (sji)

MAGDALENA (LENA) SCHRÖDER

* 09.07.1899 Potsdam
† 26.12.1972 Kiel

Lena Schröder, geb. Schulz-Lamp, verwitwete Vosgerau, wurde 1899 als Tochter eines Astronomen am Deutschen Reichskommissariat, der früh in Afrika starb, in Postdam geboren. Ihre Mutter war Frau Prof. Lamp, die 1906 die Kieler

Säuglingsmilchküche in der Dahlmannstraße mitbegründete und diese bis 1921
leitete. Es war das zweite Institut dieser
Art im ganzen Reich und hatte Vorbild-
charakter über Kiel hinaus.

Lena Schröder setzt die Arbeit ihrer
Mutter nach dem Zweiten Weltkrieg fort.
Sie wird Vorsitzende des Vereins für
Mädchen- und Frauenbildung, der 1896
in Kiel gegründet wurde und damit der
älteste Frauenverein Kiels ist.

Von 1949/1950 wird die Säuglingsmilchküche, die während des Krieges bis
zum ersten Stock ausgebrannt war, vom
Verein wieder aufgebaut, um dort ein
dringend benötigtes Säuglingsheim einzurichten. Später nimmt das Haus auch
die Mütterschule auf. Neben der sozialen
Arbeit, zu der in den 50er Jahren auch
Flick- und Nähstunden gehörten, widmet
sich der Verein der Fortbildung mit Hilfe
von Besichtigungen, Vorträgen, Lese-
stunden und Wanderungen.

Bei der ersten Kommunalwahl 1946
kandidiert Lena Schröder als Direktkan-
didatin für die CDU im Wahlkreis VI,
kommt aber erst im März 1947 als Nachrückerin in die Kieler Ratsversammlung,
der sie dann von 1948 bis 1951 und von
1955 bis 1959 als CDU-Ratsfrau angehört. Auch hier setzt sie ihren Arbeitsschwerpunkt auf die Sozialpolitik. Schon
seit Oktober 1946 hat sie als bürgerliches
Mitglied dem Gesundheitsausschuß angehört, in dem sie bis 1962 mitarbeitet.
Daneben sitzt sie auch nach ihrem vorläufigen Ausscheiden aus der Ratsversammlung 1951 u.a. im Fürsorgeausschuß, im Vertriebenen- und im Aus-
gleichsausschuß. Ihrem Engagement im
Frauenbildungsverein entspricht, daß sie

von 1955 bis 1959 den Schulpflegschaften für die Mädchenberufsschule und für
die Gewerbliche und Hauswirtschaftli-
che Berufsschule angehört. Von 1955 bis
1959 amtiert sie als stellvertretende
Stadtpräsidentin.

Als Ende der 60er Jahre die ,,Milchkü-
che'' in der Dahlmannstraße der Stadtsa-
nierung weichen soll, erwirbt Lena
Schröder unter großen Mühen ein Grund-
stück am Exerzierplatz, um dort ein
,,Haus der Frau'' einzurichten, die die
Mütterschule und die Verbraucherzen-
trale aufnehmen soll. Da das Haus ohne
öffentliche Zuschüsse finanziert werden
muß, führen erst langwierige Verhandlungen zu einem Abschluß. Die ,,Milch-
küche'' ist bis heute nicht abgerissen worden, da diese geplante Wohnraumver-
nichtung auf massiven Widerstand stieß
und das Haus besetzt wurde.

Die Verwirklichung ihres Projektes
am Exerzierplatz hat Lena Schröder nicht
erlebt; 1972 ist sie 73jährig in Kiel gestorben. (sji)

CHARLOTTE (LOTTE) SCHUBERT

* 05.07.1908 Rödemis/Husum
† 05.01.1987 Flensburg

Charlotte Christine Anne Schubert,
geb. Petersen, wird 1908 in Rödemis/Hu-
sum geboren, wo sie ihre Kindheit verlebt. Ihre Familie ist später offenbar nach
Leck umgezogen. Von 1922 bis 1927 lebt
Lotte Schubert in Flensburg, wo sie die
letzten Jahre ihrer Schulzeit auf der däni-

am Friesischen Berg und in Harrisleefeld eingesetzt, wo sie 1948 hinzieht. 1947 wird ihre Tochter Signe geboren.

Im Oktober 1945 wird sie von der Britischen Militärregierung zum Mitglied der ersten Ratsversammlung Flensburgs nach dem Kriege ernannt. Ihr gehört sie bis zu ersten Kommunalwahl im Oktober 1946 an, bei der sie für den Südschleswigschen Verein (SSV) kandidiert und ein Mandat für die Legislaturperiode von 1946 bis 1948 erringen kann. Sie engagiert sich in der Volks- und Mittelschulkommission, in der Kommission für die gewerbliche Berufsschule und in der Küchenkommission.

Ende der 40er Jahre ziehen die Schuberts nach Husum, wo der Ehemann seit 1947 Amtssekretär beim SSV ist und Lotte 1951 die Leitung eines Kindergartens übernimmt; von 1955 bis zu ihrer Pensionierung ist sie Leiterin des Kindergartens der Christian-Paulsen-Schule. Auch in Husum engagiert sie sich kommunalpolitisch und wird Mitglied des Husumer Stadtrats. 1957 kehrt das Ehepaar wieder nach Flensburg zurück, wo Lars Schubert Kontorchef des Dansk Generalsekretariats wird. Beide widmen sich viele Jahre der dänischen Volkstumsarbeit; ihr besonderes Interesse gilt dabei dem Aufbau einer dänischen Volkstanzgruppe (Sydslesvigske Folkedansere Flensborg).

Lotte Schubert ist 1987 im Alter von 79 Jahren in Flensburg verstorben. (sji)

schen Duborg-Schule verbringt. Anschließend wird sie von 1927 bis 1930 in Kopenhagen zur Kindergärtnerin ausgebildet; nach ihrer Rückkehr arbeitet sie in einem dänischen Kindergarten im südschleswigschen Raum, anschließend im Bertha-Wulff-Kindergarten und im Kindergarten Adelbykamp in Flensburg. 1938 heiratet sie Lars Schubert (1907-1984), der sich seit der Abstimmung des Jahres 1920 in der dänischen Jugendarbeit engagiert und in den 30er Jahren als Wanderlehrer an Schulen in der Flensburger Umgebung tätig ist.

Während des Krieges, an dem ihr Mann bis 1945 bei der deutschen Wehrmacht teilnimmt, wirkt Lotte Schubert als Wanderlehrerin; im ersten Nachkriegsjahr, als aufgrund der Zuwanderung der Flüchtlinge viele Kinder in die Schulen strömen, wird sie in der Schule

ANNI STOLZE

* 01.06.1895 Kiel
† 18.03.1965 Kiel

Über Anni Stolzes, geb. Horn, Werdegang ist bisher wenig bekannt. Sie war Kriegshinterbliebene und Zivilbeschädigte des Ersten Weltkrieges und übte seit den 20er Jahren 15 Jahre lang den Beruf der Fürsorgerin aus. Im Jahre 1950 – sie ist bereits Rentnerin – leitet Anni Stolze die 2177 Mitglieder zählenden Ortsgruppe Kiel-Süd im Reichsbund der Kriegs- und Zivilbeschädigten, Sozialrentner und Hinterbliebenen. In dieser Funktion hält sie wöchentlich eine Sprechstunde im Gewerkschaftshaus in der Legienstraße ab, um Hilfesuchenden mit Rat und Tat zur Seite zu stehen.

Aus ihrer Funktion beim Reichsbund heraus betätigt sie sich auch in der Kommunalpolitik. Vom November 1946 bis zum April 1950 gehört sie als bürgerliches Mitglied dem Beirat für Kriegsbeschädigte und Hinterbliebene an und sitzt vom November 1948 bis April 1950 im Hauptausschuß für Soziale Verwaltung und Flüchtlingsfragen. 1949 kandidiert sie auf Platz 20 der SPD-Landesliste für die Bundestagswahl.

Bei der Kommunalwahl 1951 gewinnt Anni Stolze den Wahlkreis 10 für die SPD, der Ratsversammlung gehört sie bis 1955 an. Wegen eines gegen sie eingeleiteten Gerichtsverfahrens übt sie ihr Amt als Ratsfrau vom 15. Mai 1952 bis zum 20. August 1953 nicht aus. Vom 10.8.1953 gehört sie auch der SPD-Fraktion nicht mehr an, kandidiert aber bei der Kommunalwahl 1955 nochmals als Parteilose, aber ohne Erfolg im Wahlkreis 11.

Als Ratsfrau arbeitet sie bis Oktober 1953 im Kriegsopfer- und im Fürsorgeausschuß sowie im Ausschuß für Familienfürsorge mit; daneben ist sie stellvertretende Vorsitzende in der Schlichtungsstelle für Wohnungsangelegenheiten.

Anni Stolze ist 1965 in Kiel verstorben. (sji)

GERTRUD ULDALL

* 08.09.1905 Flensburg

Gertrud Uldall entstammt einer bekannten Flensburger Kaufmannsfamilie, die der dänischen Minderheit angehört. Sie besucht das Lyzeum und die Duborg-

Schule und ist als Schülerin aktives Mitglied des dänischen Jugendvereins und der dänischen Pfadfinder (Spejder). Vor dem Krieg lebt sie in verschiedenen süddeutschen Städten und erlernt den Beruf der Krankenschwester. Vom ersten Kriegstag an ist sie als DRK-Schwester in verschiedenen Lazaretten tätig gewesen; in Frankreich gerät sie in amerikanische Kriegsgefangenschaft, aus der sie durch einen Austausch 1945 nach Flensburg zurückkehren kann. In den nächsten fünf Jahren arbeitet sie als Distriktschwester für „Den danske Menighedspleje".

Wann Gertrud Uldall geheiratet hat, ist nicht bekannt. Unter ihrem Ehenamen Koch-Thorbecke und mit der Berufsbezeichnung Krankenschwester kandidiert sie bei den Flensburger Kommunalwahlen der Jahre 1951 und 1955 für den SSW; nach ihrer Scheidung in den 50er Jahren nimmt sie ihren Mädchennamen wieder an, unter dem sie als Kandidatin bei den Kommunalwahlen 1959, 1962 und 1966 aufgestellt wird. Während dieses Zeitraums ist sie nicht berufstätig gewesen, denn sie gibt als Kandidatin den Beruf „Hausfrau" an.

Gertrud Uldall gehört der Flensburger Ratsversammlung in den Legislaturperioden von 1951 bis 1955, 1959 bis 1962 und 1962 bis 1966 an. Ihrer beruflichen Qualifikation und ihren umfangreichen Kenntnissen auf dem Gebiet des Sozialwesens und der Sozialfürsorge entsprechend, arbeitet sie in den Ausschüssen für Wohlfahrt (1951; beratend 1957) und Gesundheit (1959/1962) mit und engagiert sich in schulpolitischen Ausschüssen wie für Leibesübungen (1951), Höhere Schule (1954) und Schule

(1959/1962) sowie im Stiftungsausschuß (1959). Darüber hinaus übernimmt sie die Pflegschaft für Volksschulen (1959) und für die gewerblich-hauswirtschaftliche Berufsschule (1962).

Als Vorstandsmitglied der dänischen Wohlfahrtsorganisation „Gamles Vaern" setzt sie sich für die Belange alter Menschen ein. Im Wahlaufruf des SSW von 1962 wird zudem ihr Einsatz als Ratsfrau für die Interessen der Frauen betont.

Gertrud Uldall lebt heute in Flensburg. (sji)

BERTA UNGERMANN
* 15.12.1903 Kiel
† 05.12.1974 Kiel

Berta Ungermann, geb. Grabow, wird am 15.12.1903 in Kiel als Tochter des Maschinisten Fritz Grabow geboren. Vom 6. bis zum 14. Lebensjahr besucht sie die Volksschule in Kiel. Nach ihrer Schulentlassung arbeitet sie im elterlichen und im fremden Haushalt, danach ist sie etwa sieben Jahre als Verkäuferin in verschiedenen Kieler Firmen tätig. Vom Juli 1939 bis Anfang März 1945 ist sie als Verwaltungsangestellte bei Kieler Behörden und außerdem beim Deutschen Roten Kreuz beschäftigt. Am 29. März 1945 heiratet sie den Verwaltungsangestellten Wilhelm Ungermann und gibt ihre Berufstätigkeit auf.

Bei der ersten Kommunalwahl im Oktober 1946 wird sie als CDU-Kandidatin im Wahlkreis V in die Ratsversammlung

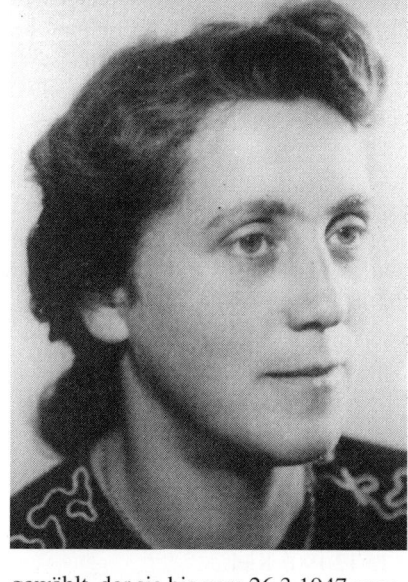

gewählt, der sie bis zum 26.3.1947 angehört. Als Ratsfrau sitzt sie in den Ausschüssen für Gesundheitswesen und für Wohnungsfragen.

Nach 1947 ist sie in Kiel nicht mehr politisch in Erscheinung getreten, über ihren weiteren Lebensweg ist nichts bekannt. 1974 ist sie in Kiel gestorben. (sji)

GERTRUD VÖLCKER
* 27.10.1896 Hamburg
† 26.04.1979 Kiel

Gertrud Völcker wird 1896 in Hamburg als ältestes von sechs Kindern des Ehepaars Dürbrook geboren. Der Vater ist Kunstschlosser und später Lokführer. Nach ihrer Schulentlassung besucht sie

ein halbes Jahr die Fortbildungsschule, danach eine einjährige Handelsschule, deren Kosten von 120 Mark für den Vater eine erhebliche Belastung darstellen. 1915 nimmt Gertrud Völcker in der Rechtsauskunftsstelle des Arbeitersekretariates der Freien Gewerkschaften in Kiel eine Stelle an. Hier werden ihr die sozialpolitischen Probleme bewußt; 1918 tritt sie in die SPD ein und schließt sich den sozialdemokratischen Frauen an, die sich nach dem Ersten Weltkrieg in einer Kommission um den Schutz gefährdeter Kinder kümmern.

Um in Not geratenen Menschen helfen zu können, wählt sie nach dem Ersten Weltkrieg den Beruf der Fürsorgerin, zu der sie in Sonderkursen ausgebildet wird. 1921 wird sie Familienfürsorgerin bei der Stadt Kiel. Die Fürsorgearbeit übt sie bis zu ihrer Verheiratung aus. Darüber hinaus übernimmt sie in der Arbeiterwohlfahrt Sonderaufgaben wie Strandfahrten, Ferienerholungen und Wanderungen und baut gemeinsam mit ihrem Mann das Städtische Jugendheim am Werftpark in Gaarden zum zentralen Ort der Jugend- und Familienarbeit aus. Ab 1932 übt sie ihre vielfältigen Aufgaben ehrenamtlich aus.

Von 1929 bis 1933 gehört sie dem Kieler Stadtparlament als Stadtverordnete an und arbeitet in den Wohlfahrtsausschüssen an der Gestaltung der Fürsorge und der Jugendwohlfahrt mit.

Trotz Betätigungsverbots ist sie auch nach 1933 aktiv. Nach dem Attentat auf Hitler vom 20. Juli 1944 wird Gertrud Völcker im Rahmen der ,,Aktion Gitter" am 22./23. August verhaftet und bis zum Oktober im Kieler Polizeigefängnis, der

sogenannten „Blume", und in der „Polizeibaracke Drachensee" festgehalten.

Nach dem Krieg setzt sie sich sofort für die Ausgebombten und Vertriebenen ein. 1945 wird sie von der SPD beauftragt, den Wiederaufbau der Arbeiterwohlfahrt auf Landesebene zu organisieren. Von 1946 bis 1957 ist sie die 1., danach bis 1961 die 2. Landesvorsitzende der AWO im Bezirk Schleswig-Holstein.

Im Dezember 1945 wird sie von der Britischen Militärregierung zur Ratsfrau ernannt, der Ratsversammlung gehört sie bis zur ersten Wahl an. 1948 kandidiert sie zwar noch einmal auf der Liste der SPD, kommt aber nur als Nachrückerin im September 1950 in die Kieler Stadtvertretung. Als Ratsfrau arbeitet sie im Ausschuß für soziale Verwaltung und Flüchtlingsfragen, für Jugendwohlfahrt und im Flüchtlingsausschuß mit. Auch

nach ihrem Ausscheiden aus der Ratsversammlung 1951 stellt sie ihre Erfahrungen aus der Arbeiterwohlfahrt bis 1962 als bürgerliches Mitglied dem Ausschuß für Familienfürsorge zur Verfügung. Darüber hinaus ist sie in vielen Ausschüssen auf Bundes- und Landesebene tätig, um an der Neugestaltung des Sozialwesens mitzuarbeiten.

Gemeinsam mit ihrem Mann leitet sie bis 1959 das Mütterwohnheim der Arbeiterwohlfahrt in Kiel-Tannenberg, das als erstes Heim im Bundesgebiet alleinstehenden berufstätigen Müttern mit ihren Kindern Unterkunft gewährt.

1961 ist sie Vorsitzende des Ausschusses für Gefangenenfürsorge und Bewährungshilfe sowie Mitglied des Landesjugendwohlfahrtsausschusses. Im Landesfrauenrat, bei dessen Gründung sie am 1. Dezember 1950 die AWO vertritt, leitet sie den Sozialausschuß und übernimmt von 1963 bis 1965 die Protokollführung.

Für ihre Verdienste erhält Gertrud Völcker die Marie-Juchacz-Plakette der Arbeiterwohlfahrt. 1979 ist sie im Alter von 82 Jahren in Kiel gestorben. (sji)

ELISABETH VORMEYER

* 28.09.1893 Nübel bei Schleswig
* 06.06.1985 Kiel

Elisabeth Vormeyer, geb. Klarer, wird 1893 in Nübel bei Schleswig als einziges Kind eines Mühlenbesitzers geboren. Als höhere Tochter macht sie das Abitur und nach einem weiteren Ausbildungsjahr

109

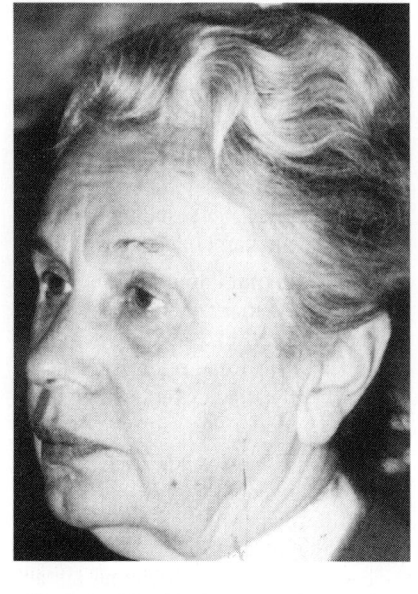

mit dem Abschlußexamen in Englisch und Französisch erwirbt sie die Lehrbefugnis an höheren Schulen bis einschließlich Untertertia. 1913 geht sie nach Paris an die Maison d'Étude und wird Gasthörerin an der Sorbonne. In den Ferien besucht sie England. Auf der Heimreise am 29. Juni 1914 erfährt sie, daß der österreichische Thronfolger in Sarajewo ermordet worden ist; vier Wochen später bricht der Krieg aus.

Nach Kriegsende arbeitet Elisabeth Vormeyer neben ihrer Tätigkeit als Lehrerin an mehreren Zeitschriften und bei dem noch jungen Rundfunk NORAG mit. Sie hat die Anfänge der bürgerlichen Frauenbewegung um Helene Lange und Gertrud Bäumer bewußt miterlebt und interessiert sich deshalb stark für Frauenthemen. Ihre journalistische Arbeit in den 20er Jahren nutzt sie dafür, Frauen

eine staatsbürgerliche Bildung zu vermitteln, damit sie das neu erlangte Wahlrecht auch zu nutzen wissen.

1924 geht sie mit dem späteren Rektor Wilhelm Vormeyer eine Ehe ein, die gesellschaftlich gesehen ein Fauxpas ist, denn der Ehemann ist geschieden und hat für drei Kinder Unterhalt zu leisten. Elisabeth Vormeyer bekommt keine Kinder.

Durch ihre Eheschließung nach Kiel gekommen, gibt sie in den folgenden Jahrzehnten mit ihren Aktivitäten der Frauenarbeit in Schleswig-Holstein entscheidende Impulse. Im Verband Deutsche Frauenkultur übernimmt Elisabeth Vormeyer 1931 den Schrifttumkreis, in dem sie eher intellektuelle Arbeit leistet, während der Verband insgesamt stärker reformerische Ziele zur Verbesserung der Stellung der Frau in der Gesellschaft anstrebt.

Als sich nach der nationalsozialistischen Machtergreifung der Verband für Frauenkultur auflöst, führt Elisabeth Vormeyer trotzdem ihren Schrifttumkreis weiter. Im Zweiten Weltkrieg arbeitet sie wieder als Lehrerin.

Ihr Schrifttumkreis wird nach dem Krieg der Ausgangspunkt für die Gründung des Deutschen Frauenringes in Kiel. Dessen Ziel ist die politische Aufklärung der Frauen, damit die Fehler der Vergangenheit sich nicht wiederholen. Elisabeth Vormeyer kommt zunächst eine Vermittlerrolle zwischen den deutschen Frauen und den Engländerinnen zu, die mit den Besatzungstruppen nach Kiel kommen. Im Herbst 1947 gehört sie zu den ersten zehn deutschen Frauen der britischen Besatzungszone, die nach

England zur demokratischen Schulung eingeladen werden.

1946 sind sie und ihr Mann der CDU beigetreten; während Wilhelm Vormeyer für die Kieler Ratsversammlung 1946 kandidiert und gewählt wird, reizt sie mehr die Arbeit im vorpolitischen Raum. Nach der Gründung des Deutschen Frauenringes 1947 in Bad Pyrmont, an der sie teilnimmt, ruft sie im gleichen Jahr den Kieler Frauenring ins Leben, dem sie bis zu ihrer Ablösung durch Inge Titzck für 24 Jahre von 1947 bis 1971 vorsteht. Zudem führt sie den Vorsitz im Landesverband des Deutschen Frauenringes und gehört dem geschäftsführenden Bundesvorstand an. Hier setzt sie mit ihrer Forderung *„politisch denken, aber nicht parteipolitisch handeln"* Maßstäbe für die künftige Frauenpolitik in Schleswig-Holstein, in der während dieser Jahre häufig versucht wird, in überparteilichen Zusammenschlüssen frauenspezifische Forderungen durchzusetzen.

Ein solcher Zusammenschluß von Frauenverbänden ist der Landesfrauenrat, an dessen Gründung am 1. Dezember 1950 Elisabeth Vormeyer maßgeblich beteiligt ist und in dem sie den Vorsitz vom Dezember 1950 bis April 1952 und vom März 1954 bis Oktober 1958 führt. Sie legt ihr Amt wegen parteipolitischer Auseinandersetzungen im Landtagswahlkampf 1958 nieder.

Im Frauenring wie im Landesfrauenrat führt sie viele Veranstaltungen durch und scheut sich nicht, „heiße Eisen" wie die Atompolitik anzufassen. Daneben entstehen Eingaben an die Regierung, außerdem wird ein Bauvorhaben mit fa-

milien- und frauenfreundlichen Wohnungen in Kiel initiiert. Besondere Bedeutung erlangen die vom Landesfrauenrat mit der Europa-Union durchgeführten regelmäßigen Herbsttagungen.

1954 verbringt Elisabeth Vormeyer auf Einladung des State Departments drei Monate in den USA, wo sie u.a. in Washington, Philadelphia, New York und San Francisco Einblick in die amerikanische Organisation der Frauenarbeit gewinnt. Damals ist sie der Meinung, daß die deutschen Frauen durch den Krieg und seine Folgen in ihrer Entwicklung als Staatsbürgerinnen stark zurückgeworfen worden sind und die Amerikanerinnen ihnen eine Generation voraus seien.

Nach ihrer Rückkehr aus den Staaten kandidiert sie bei den Kommunalwahlen 1955 für die CDU und gelangt in die Kieler Ratsversammlung, aus der sie erst 1970 als 77jährige ausscheidet. Als Ratsfrau setzt sie ihren Schwerpunkt in der Bildungs- und Kulturpolitik und arbeitet u.a. in den Ausschüssen für Theater, Volksbildung, Gesundheit, Schule sowie in verschiedenen Schulpflegschaften mit. Dem Hauptausschuß gehört sie 1956 als Vorsitzende der Arbeitsgemeinschaft Kieler Frauen an, deren Mitglieder sich aus den Ratsfrauen aller Fraktionen und Vertreterinnen der verschiedenen Frauenverbände zusammensetzen. Von 1966 bis 1970 ist sie zudem als Schöffin tätig.

Neben ihrer politischen Arbeit betätigt sie sich auch literarisch; in ihrer in den Kammerspielen aufgeführten Zeitsatire „Experimente" kehrt sie das Geschlechterverhältnis um und kritisiert die ins Jahr 2010 verlegte Frauenherrschaft.

Für ihre Verdienste wird Elisabeth Vormeyer mit der Freiherr-v.-Stein-Medaille, mit der Andreas-Gayk-Medaille und mit dem Bundesverdienstkreuz geehrt. Vom Deutschen Frauenring erhält sie 1984 kurz vor ihrem Tod als erste Schleswig-Holsteinerin die silberne Ehrennadel des Verbandes.

Nach dem Tod ihres Mannes im Jahre 1975 zieht sich Elisabeth Vormeyer weitgehend aus dem öffentlichen Leben zurück. Am 6. Juni 1985 ist sie 91jährig in Kiel verstorben. (sji)

ROSA WALLBAUM
* 13.05.1915 Kiel

Rosa Wallbaum, geb. Oblock, wird 1915 in Kiel als Tochter eines Maurers geboren, die Mutter hatte keine Berufsausbildung. Ihr Vater war Sozialdemokrat und Gewerkschafter und hatte schon während der Sozialistengesetze Flugblätter verteilt. Die Mutter trat 1918 in die SPD ein.

Als einziges Mädchen unter vier Geschwistern trifft Rosa Wallbaum das typische Schicksal einer Arbeitertochter. Eine höhere Schulbildung gibt es für sie nicht, statt dessen absolviert sie eine Lehre als Verkäuferin im Konsumverein.

Aufgrund der beengten Wohnverhältnisse bekommen die Kinder recht viel von den im Elternhaus geführten politischen Diskussionen mit. Prägend werden für Rosa Wallbaum die Aktivitäten der „Kinderfreunde" um Andreas Gayk, die

sich um eine ganzheitliche Erziehung bemühen. Obwohl sie sich vor 1933 stark in die Aktivitäten der SPD eingebunden fühlt, der sie mit 16 Jahren 1931 beigetreten ist, wird sie während der Diktatur nicht gegen die Nationalsozialisten aktiv. Für die steht der Schutz ihrer Familie im Vordergrund.

1939 heiratet sie, 1940 und 1944 werden ihre beiden Söhne geboren; ihr Mann fällt als U-Boot-Fahrer im Krieg. Sie wohnt im Haus ihrer Mutter, die während ihrer Tätigkeit als kaufmännische Angestellte die Kinder betreut. Als Alleinerziehende ist es für sie sehr schwierig, die politische Arbeit mit der Familie unter einen Hut zu bringen.

Ihre parteipolitische Karriere beginnt 1946 über die Frauenarbeit, 1953 wird sie Leiterin der SPD-Frauengruppe in Kiel-Hassee. Ab 1954 gehört sie dem Kreis-

vorstand der SPD an. Bei der Kommunalwahl 1955 kandidiert sie im Wahlkreis 14
erfolglos gegen Lena Schröder von der
CDU, gelangt aber über den 19. Listenplatz in die Ratsversammlung, der sie für
fast 20 Jahre bis 1974 angehört. Bereits
seit Mai 1951 vertritt sie als bürgerliches
Mitglied in der Schlichtungsstelle für
Wohnungsangelegenheiten die Interessen der Mieter. Als Ratsfrau sitzt sie weiterhin in der Spruchstelle für Wohnungsangelegenheiten, arbeitet u.a. in den Ausschüssen für Volksbildung, Kriegsopfer,
Fürsorge und Krankenhaus mit und gehört den Schulpflegschaften der Mädchenberufsschule, der Städtischen Bildungsanstalt für Frauenberufe, der Pesta-
lozzischulen und der Gewerblichen und
Hauswirtschaftlichen Berufsschule an.
1958 und 1962 kandidiert sie zudem auf
der Landesliste für den Landtag.

Als 1963 der SPD-Frauensekretär
Franz Osterroth in den Ruhestand geht,
übernimmt Rosa Wallbaum das Frauen-
sekretariat, überzeugt davon, daß *„die
Frauen jetzt als besonders aktiver Teil
der Partei ernstgenommen"* würden. Sie
setzt sich dafür ein, daß die Familien
wirtschaftlich so gesichert werden, daß
Mütter nicht mehr einer Erwerbstätigkeit
nachgehen müssen. Sie ist lange Jahre
Mitglied im Bundesfrauenausschuß der
SPD und als Vertreterin von Anne Brodersen bei Sitzungen des Landesfrauenrates anwesend.

Ab 1970 führt sie Politik-Kurse für
Frauen, später für Senioren in der
Gustav-Heinemann-Bildungsstätte in
Malente durch. Heute ist sie Stammgast
bei den „Jusos 22", einer Senioren-Initia-
tive der SPD. (sji)

Anhang

Übersichten schleswig-holsteinischer Politikerinnen 1945-1966

zusammengestellt von Sabine Jebens-Ibs

I. Der Landtag

1. Weibliche Mitglieder des Schleswig-Holsteinischen Landtages 1945 – 1966

	Lebensdaten	Beruf	Wahlperiode(n)		Alter b. Eintritt
SPD (10)					
Anna Brodersen	16.03.1903 18.07.1971	Hausfrau	1954-1968	$3^{1}/_{2}$	51
Frieda Hackhe-Döbel	09.04.1911 26.09.1977	Gewerbe-oberlehr.	2/46-4/47 1947-1950	3	35
Dr. Luise Klinsmann	10.05.1896 09.06.1964	Biblio-thekarin	1947-1950	1	51
Anni Mellies-Krahnstöver	04.06.1904 27.07.1961	Frauense-kretärin	12/46-4/47 1947-1948	$1^{1}/_{2}$	41
Dr. Elly Linden	25.04.1895 23.01.1987	D.-Hand.-lehrerin	1947-1967	5	52
Dora Möller	16.10.1894 02.11.1981	Hausfrau	2/46-9/46	1	51
Marie Schmelzkopf	26.02.1887 11.11.1966	Hausfrau	2/46-9/46	1	59
Anny Trapp	21.12.1901 –	Hausfrau	11/64-67	$3/_{4}$	63
Charlotte Werner	25.10.1909 –	Hausfrau	2/46-9/46	1	36
Berta Wirthel	13.01.1900 10.04.1979	Senatorin	1/54-8/54	$1/_{4}$	54
CDU (4)					
Ilse Brandes	04.12.1897 ?	Flüchtl.-fürsorgerin	1947-1950	1	50

	Lebensdaten	Beruf	Wahlperiode(n)		Alter b. Eintritt
Erna Kilkowski	06.10.1907 27.09.1985	CDU-Gesch.- führerin	1957-1967 1969-1971	$2^3/_4$	50
Emmy Lüthje	23.08.1895 05.02.1967	Hausfrau	12/46-4/47 1947-1958	5	51
Annemarie Schuster	14.12.1917 –	Hausfrau	1962-1988	8	45

GB/BHE (2)

	Lebensdaten	Beruf	Wahlperiode(n)		Alter b. Eintritt
Dr. Lena Ohnesorge (ab 1959 CDU)	17.07.1898 12.08.1987	Ärztin Soz.min.	1950-1958 1962-1967	3	52
Margareta Weiß (ab 1958 FDP)	23.06.1912 07.08.1990	Hausfrau	1950-1958 1962-1971	4	38

KPD (2)

	Lebensdaten	Beruf	Wahlperiode(n)		Alter b. Eintritt
Agnes Nielsen	18.10.1894 16.05.1967	Sozialre- ferentin	2/46-3/46	1	52
Bertha Schulze	24.01.1889 09.12.1967	Hausfrau	5/46-9/46	1	57

parteilos (1)

	Lebensdaten	Beruf	Wahlperiode(n)		Alter b. Eintritt
Elisabeth Jensen	31.03.1908 30.12.1978	Lehrerin	2/46-9/46	1	38

2. **Weibliche Mitglieder des Schleswig-Holsteinischen Landtages 1946 – 1966**
   (nach Legislaturperioden)

Erster ernannter Landtag (2/1946 – 9/1946)
   (78 Abgeordnete)
   1) Frieda Hackhe-Döbel   (1911-1977)   (SPD)
   2) Elisabeth Jensen   (1908-1978)   (parteilos)
   3) Dora Möller   (1894-1981)   (SPD)
   4) Agnes Nielsen   (1894-1967)   (KPD) (bis März 1946)
   5) Marie Schmelzkopf   (1887-1966)   (SPD)
   6) Bertha Schulze   (1889-1967)   (KPD) (ab Mai 1946)
   7) Charlotte Werner   (geb.1909)   (SPD)

Zweiter ernannter Landtag (1947)
(60 Abgeordnete)

1) Frieda Hackhe-Döbel	(1911-1977)	(SPD)
2) Anni Krahnstöver	(1904-1961)	(SPD)
3) Emmy Lüthje	(1895-1987)	(CDU)

1. Wahlperiode (1947 – 1950)
(70 Abgeordnete)

1) Ilse Brandes	(1897 -?)	(CDU)
2) Frieda Hackhe-Döbel	(1911-1977)	(SPD)
3) Dr. Luise Klinsmann	(1896-1964)	(SPD)
4) Anni Krahnstöver	(1904-1961)	(SPD)
5) Dr. Elly Linden	(1895-1987)	(SPD)
6) Emmy Lüthje	(1895-1967)	(CDU)

2. Wahlperiode (1950 – 1954)
(69 Abgeordnete)

1) Dr. Elly Linden	(1895-1987)	(SPD)
2) Emmy Lüthje	(1895-1967)	(CDU)
3) Dr. Lena Ohnesorge	(1898-1987)	(GB/BHE)
4) Berta Wirthel	(1900-1979)	(SPD) (nachgerückt am 25.1.1954)
5) Margareta Weiß	(1912-1990)	(GB/BHE)

3. Wahlperiode (1954 – 1958)
(69 Abgeordnete)

1) Anna Brodersen	(1903-1971)	(SPD)
2) Erna Kilkowski	(1907-1985)	(CDU) (nachgerückt am 9.12.57)
3) Dr. Elly Linden	(1895-1987)	(SPD)
4) Emmy Lüthje	(1895-1967)	(CDU)
5) Dr. Lena Ohnesorge	(1898-1987)	(GB/BHE)
6) Margareta Weiß	(1912-1990)	(GB/BHE)

4. Wahlperiode (1958 – 1962)
(69 Abgeordnete)

1) Anna Brodersen	(1903-1971)	(SPD)
2) Erna Kilkowski	(1907-1985)	(CDU)
3) Dr. Elly Linden	(1895-1987)	(SPD)

5. Wahlperiode (1962 – 1966)
(69 Abgeordnete)

1) Anna Brodersen	(1903-1971)	(SPD)
2) Erna Kilkowski	(1907-1985)	(CDU)
3) Dr. Elly Linden	(1895-1987)	(SPD)
4) Dr. Lena Ohnesorge	(1898-1987)	(CDU)
5) Annemarie Schuster	(geb. 1917)	(CDU)
6) Anny Trapp	(geb. 1901)	(SPD) (nachgerückt am 24.11.1964)
7) Margareta Weiß	(1912-1990)	(FDP)

II. Die Kommunalparlamente der vier kreisfreien Städte

1. Flensburg

1.1. Weibliche Mitglieder der Flensburger Ratsversammlung 1945-1966

	Lebensdaten	Beruf	Wahlperiode(n)		Alter b. Eintritt
SPD und SPF (3)					
Marianne Beier	17.09.1901 07.09.1981	Hausfrau	1948-1951	1	47
Juliane Decker	02.12.1897 04.07.1968	Stenoty- pistin	1948-1955 1962-1966	3	51
Lissie Neumann	19.09.1896 15.02.1963	Konto- ristin	1945-1948	2	49
CDU (4)					
Heinke Brodersen	23.06.1907 03.06.1988	Bäcker- meisterin	1/52-1955 1955-1962	$2^3/4$	44
Greta Korn	08.07.1899 07.04.1989	Reederin	1955-1962	2	56
Cornelia Knippenberg	05.04.1907 28.12.1988	Haushalts- beraterin	1962-1970	2	55
Lisa Wiesner	27.07.1914 17.01.1988	Hausfrau	1951-1955	1	37
SSW (SSV) (5)					
Marie Clausen	28.05.1909 –	Hausfrau	1946-1948	1	35
Marie Lorenz	21.12.1896 –	Hausfrau	1948-1951	1	52
Lotte Schubert	04.07.1908 05.01.1987	Hausfrau/ Kindergärt.	1945-1948	2	37
Gertrud Uldall (Koch-Thorbecke)	08.09.1905 –	Kranken- schwester	1951-1955 1959-1966	3	46
Margot Matlok	01.01.1926 –	Kinder- gärtnerin	9/64-1974	$2^1/2$	38

	Lebensdaten	Beruf	Wahlperiode(n)	Alter b. Eintritt

GB/BHE (1)

Anna Zachau	15.01.1906 30.03.1967	Hausfrau	1959-1962	1	53

1.2. Weibliche Mitglieder der Flensburger Ratsversammlung 1945 – 1966
(nach Legislaturperioden)

Ernannte Ratsversammlung (1945 – 1946)
(28 Mitglieder)
1) Lissie Neumann   (SPD, später SPF) (7.9.1945)
2) Lotte Schubert   (SSV)   (15.10.1945)

1. Wahlperiode (1946 – 1948)
(39 Mitglieder)
1) Marie Clausen   (SSV)
2) Lissie Neumann   (SPF)
3) Lotte Schubert   (SSV)

2. Wahlperiode (1948 – 1951)
(40 Mitglieder)
1) Marianne Beier   (SPD)
2) Juliane Decker   (SPF)
3) Marie Lorenz   (SSW)

3. Wahlperiode (1951 – 1955)
(37 Mitglieder)
1) Heinke Brodersen   (WDF/CDU)   (am 31.1.52 nachgerückt)
2) Juliane Decker   (SPF)
3) Gertrud Koch-Thorbecke, geb. Uldall (SSW)
4) Lisa Wiesner   (WDF)

4. Wahlperiode (1955 – 1959)
(33 Mitglieder)
1) Heinke Brodersen   (WDF/CDU)   (ab 1956 nachgerückt)
2) Greta Korn   (WDF/CDU)

5. Wahlperiode (1959 – 1962)
(40 Mitglieder)
1) Heinke Brodersen   (CDU)
2) Greta Korn   (WDF/CDU)
3) Gertrud Uldall   (SSW)
4) Anna Zachau   (GB/BHE)

6. Wahlperiode (1962 – 1966)

(39 Mitglieder)

1) Juliane Decker (SPD)
2) Cornelia Knippenberg (CDU)
3) Gertrud Uldall (SSW)
4) Margot Matlok (SSW) (ab 3.9.1964)

2. Kiel

2.1. Weibliche Mitglieder der Kieler Ratsversammlung 1945 – 1966

	Lebensdaten	Beruf	Wahlperiode(n)		Alter b. Eintritt
SPD (13)					
Frieda Bendfeldt	18.07.1904 15.06.1983	Hausfrau	1951-1955 1959-1970	4	47
Anne Brodersen	16.03.1903 18.07.1971	Hausfrau	1951-1963	$3^1/_4$	48
Dorothea Damm	24.03.1881 30.10.1949	Hausfrau	1946-1948	1	65
Dorothea Franke	07.06.1913 27.08.1993	Sekretärin	1951-1974	6	38
Lisa Hansen	10.04.1902 05.03.1976	Hausfrau	1951-1955 1959-1962 1963-1966	$2^3/_4$	49
Ida Hinz	28.12.1904 26.05.1986	Hausfrau	1946-1974	8	42
Thomasine Jensen	23.09.1891 20.10.1970	Stadtsch. rätin a.D.	1945-1946 1959-1966	3	54
Magda Jung	12.02.1909 –	Hausfrau	1951-1955	1	42
Dr. Hilde Schäfer-Portofée	20.08.1912 06.01.1988	Ärztin	1946-1951 1966-1974	4	34
Martha Riedl	02.05.1903 12.07.1992	Hausfrau	1946-1948	1	43
Anni Stolze	01.06.1895 18.03.1965	Rentnerin	1951-1955	1	56
Gertrud Völcker	27.10.1896 26.04.1979	Hausfrau	1945-1946 9/50-4/51	$1^1/_2$	49

	Lebensdaten	Beruf	Wahlperiode(n)		Alter b. Eintritt
Rosa Wallbaum	13.05.1915 –	kaufm. Angest.	1955-1974	5	40
CDU (9)					
Gertrud Brauer	14.10.1891 30.03.1952		1948-1951	1	57
Dorothea Brede	25.03.1876 31.10.1958	Lehrerin	1945-1946	1	69
Hildegard Franzius	23.01.1893 18.04.1986	Rentnerin	8/56-1959 1959-1962	$1^3/_4$	63
Christel Hansmann	03.12.1914 –	Hausfrau	1962-1966	1	48
Käthe Kühl	09.07.1890 04.09.1980	Hausfrau	1946-1951	2	56
Magdalena Schröder	09.07.1893 26.12.1972	Hausfrau	3/47-1951 1955-1959	$2^1/_2$	54
Irma Tübler	16.06.1922 25.06.1992	Angest.	1962-1970	2	40
Bertha Ungermann	15.12.1903 05.12.1974	Verw.- angest.	1946-3/47	$^1/_2$	43
Elisabeth Vormeyer	28.09.1893 06.06.1985	Hausfrau	1955-1970	4	62
FDP (2)					
Irmgard Kremer	12.05.1918 –	Gesch.in- haberin	10/57-1959	$^1/_2$	39
Dr. Marianne von Rundstedt	25.07.1925 –	Verbands- geschäftsf.	1959-1962	1	34
KPD (1)					
Hedwig Jung	20.06.1894 08.01.1983	Hausfrau	1945-1946	1	51
parteilos (1)					
Ruth Roestel	15.11.1913 –	Hausfrau	1/46-10/46	1	32

2.2. Weibliche Mitglieder der Kieler Ratsversammlung 1945 – 1966
(nach Legislaturperioden)

Ernannte Ratsversammlung (1945 – 1946)
(39 Mitglieder)
1) Dorothea Brede   (CDP/CDU)
2) Toni Jensen   (SPD)
3) Hedwig Jung   (KPD)
4) Ruth Roestel   (parteilos)   (ab Jan.1946)
5) Gertrud Völcker   (SPD)

1. Wahlperiode (1946 – 1948)
(45 Mitglieder)
1) Dorothea Damm   (SPD)
2) Ida Hinz   (SPD)
3) Käthe Kühl   (CDU)
4) Martha Riedel   (SPD)
5) Dr. Hilde Schäfer   (SPD)
6) Magdalena Schröder   (CDU)   (ab 26.3.1947)
7) Bertha Ungermann   (CDU)   (bis 26.3.1947)

2. Wahlperiode (1948 – 1951)
(44 Mitglieder)
1) Gertrud Brauer   (CDU)
2) Ida Hinz   (SPD)
3) Käthe Kühl   (CDU)
4) Dr. Hilde Schäfer   (SPD)
5) Lena Schröder   (CDU)
6) Gertrud Völcker   (SPD)   (ab 21.9.1950)

3. Wahlperiode (1951 – 1955)
(45 Mitglieder)
1) Frieda Bendfeldt   (SPD)
2) Anna Brodersen   (SPD)
3) Dorothea Franke   (SPD)
4) Lisa Hansen   (SPD)
5) Ida Hinz   (SPD)
6) Magda Jung   (SPD)
7) Anni Stolze   (SPD)

4. Wahlperiode (1955 – 1959)
(45 Mitglieder)
1) Anna Brodersen   (SPD)
2) Dorothea Franke   (SPD)
3) Hildegard Franzius   (K.Bl./CDU)   (ab 16.8.1956)

4) Ida Hinz	(SPD)	(dir.)
5) Irmgard Kremer	(K.Bl./FDP)	(ab 12.10.1957)
6) Lena Schröder	(K.Bl./CDU)	
7) Elisabeth Vormeyer	(K.Bl./CDU)	
8) Rosa Wallbaum	(SPD)	

5. Wahlperiode (1959 – 1962)
(49 Mitglieder)

1) Frieda Bendfeldt	(SPD)	
2) Anna Brodersen	(SPD)	
3) Dorothea Franke	(SPD)	
4) Hildegard Franzius	(CDU)	
5) Lisa Hansen	(SPD)	
6) Ida Hinz	(SPD)	
7) Thomasine Jensen	(SPD)	
8) Dr. Marianne von Rundstedt	(FDP)	
9) Elisabeth Vormeyer	(CDU)	
10) Rosa Wallbaum	(SPD)	

6. Wahlperiode (1962 – 1966)
(49 Mitglieder)

1) Frieda Bendfeldt	(SPD)	
2) Anna Brodersen	(SPD)	(bis 1963)
3) Dorothea Franke	(SPD)	
4) Lisa Hansen	(SPD)	(ab 1963 für Brodersen)
5) Christel Hansmann	(CDU)	
6) Ida Hinz	(SPD)	
7) Thomasine Jensen	(SPD)	
8) Irma Tübler	(CDU)	
9) Elisabeth Vormeyer	(CDU)	
10) Rosa Wallbaum	(SPD)	

3. Lübeck

3.1. Weibliche Mitglieder der Lübecker Bürgerschaft 1945 – 1966

	Lebensdaten	Beruf	Wahlperiode(n)		Alter b. Eintritt
SPD (9)					
Anna Buschner	11.05.1895 13.10.1986	?	1959-1966	2	64

	Lebensdaten	Beruf	Wahlperiode(n)		Alter b. Eintritt
Magdalene Herrmann	04.05.1902 30.11.1969	Hausfrau	1945-1946	1	43
Annemarie Hinrichsen	07.11.1912 ?	Hausfrau	1946-1948	1	34
Dr. Luise Klinsmann	10.05.1896 09.06.1964	Biblioth. Senatorin	1946-1964	$5^1/_2$	50
Marga Krüger	17.07.1915 ?	Hausfrau	1962-1974	3	47
Gertrud Pickert	11.06.1901 –	Hausfrau	1951-1955	1	50
Margarethe Pieth	09.07.1896 05.08.1981	Hausfrau	1945	1	49
Helene Ullmann	21.06.1895 08.12.1981	Hausfrau	1946-1948	1	51
Berta Wirthel	13.01.1900 10.04.1979	Hausfrau Senatorin	1946-1970	7	46

CDU (3)

	Lebensdaten	Beruf	Wahlperiode(n)		Alter b. Eintritt
Elisabeth Kette	08.07.1896 20.05.1976	Hausfrau	1955-1962	2	59
Annie Petersen	18.05.1899 29.10.1986	?	1948-1951	1	49
Annemarie Schuster	14.12.1917 –	Hausfrau	1962-1974	4	45

GB/BHE (2)

	Lebensdaten	Beruf	Wahlperiode(n)		Alter b. Eintritt
Ruth Ankermann	16.08.1908 22.07.1962	Hausfrau	1955-1962	2	47
Erika Hering	04.12.1907 07.10.1985	Hausfrau	1951-1955	1	44

KPD (1)

	Lebensdaten	Beruf	Wahlperiode(n)		Alter b. Eintritt
Maria Krollmann verh. Klann	15.01.1904 12.05.1994	Hausfrau	1945-1946	1	41

	Lebensdaten	Beruf	Wahlperiode(n)	Alter b. Eintritt
ungeklärte Parteizugehörigkeit (2)				
Johanna Magdalena Hempel	02.12.1885 13.01.1966	Studien- rätin a.d.	1945-1946	1	65
Hildegard Osten	23.03.1909 –	Handweb- meisterin	1945-1946	1	34

3.2. Weibliche Mitglieder der Lübecker Bürgerschaft 1945 – 1966
(nach Legislaturperioden)

Ernannte Bürgerschaft (1945 – 1946)
(52 Mitglieder)
1) Johanna Magdalena Hempel
2) Magdalene Herrmann   (SPD)
3) Maria Krollmann   (KPD)
4) Hildegard Osten
5) Margarethe Pieth   (SPD)

1. Wahlperiode (1946 – 1948)
(36 Mitglieder)
1) Annemarie Hinrichsen   (SPD)
2) Dr. Luise Klinsmann   (SPD)
3) Helene Ullmann   (SPD)
4) Berta Wirthel   (SPD)

2. Wahlperiode (1948 – 1951)
(44 Mitglieder)
1) Dr. Luise Klinsmann   (SPD)
2) Annie Petersen   (CDU)
3) Berta Wirthel   (SPD)

3. Wahlperiode (1951 – 1955)
(45 Mitglieder)
1) Erika Hering   (BHE)
2) Dr. Luise Klinsmann   (SPD)
3) Gertrud Pickert   (SPD)
4) Berta Wirthel   (SPD)

4. Wahlperiode (1955 – 1959)
(46 Mitglieder)
1) Ruth Ankermann   (GB/BHE)
2) Elisabeth Kette   (CDU)

3) Dr. Luise Klinsmann (SPD)
4) Berta Wirthel (SPD)

5. Wahlperiode (1959 – 1962)
   (49 Mitglieder)
1) Ruth Ankermann (GB/BHE)
2) Anna Buschner (SPD)
3) Elisabeth Kette (CDU)
4) Dr. Luise Klinsmann (SPD)
5) Annemarie Schuster (CDU)
6) Berta Wirthel (SPD)

6. Wahlperiode (1962 – 1966)
   (49 Mitglieder)
1) Anna Buschner (SPD)
2) Dr. Luise Klinsmann (SPD)
3) Marga Krüger (SPD)
4) Annemarie Schuster (CDU)
5) Berta Wirthel (SPD)

4. Neumünster

4.1. Weibliche Mitglieder der Neumünsteraner Ratsversammlung 1945-1966

	Lebensdaten	Beruf	Wahlperiode(n)		Alter b. Eintritt
SPD (9)					
Frieda Borgwardt	17.07.1910 07.01.1985	Hausfrau	1948-1950	$3/4$	38
Anni Gloe	29.03.1911 –	Plegerin	1945-1946	1	34
Anni Lemke	07.06.1907 –	Hausfrau	1948-1950	$3/4$	41
Marie Lohmann	08.11.1903 08.09.1979	Hausfrau	1945-2/1948	$1^3/4$	42
Emma Martens	03.01.1887 19.11.1958	Hebamme	1945-1948	2	58
Marie Schmelzkopf	26.02.1887 11.11.1966	Werkküchen-leiterin	1945-1950	$2^3/4$	58

	Lebensdaten	Beruf	Wahlperiode(n)		Alter b. Eintritt
Lisa Schmid	26.01.1926 13.11.1988	Lehrerin	1951-1974	6	25
Marie (Mia) Schulz	14.04.1892 08.08.1976	Sekretärin Hausfrau	1948-1950 1959-1970	$3^3/_4$	56
Hildegard Zimmermann	20.02.1913 –	Hausfrau	1955-1970	4	42

CDU (9)

Magdalena Brockstedt	20.03.1882 07.03.1953	?	11/47-48	$3/_4$	65
Hedwig Bücheler	18.09.1902 28.02.1980	Lehrerin	1946-1962	5	44
Alexandrine v. dem Hagen	28.11.1914 15.12.1978	Konrektorin	1955-1978	6	41
Dorothea Ingwersen	23.09.1886 14.09.1973	Lehrerin	1945-1948	2	59
Lieselotte Juckel	07.09.1919 –	Lehrerin/ Hausfrau	2/59-1962 9/62-1966 1966-1978	5	39
Elisabeth Nasse	17.01.1891 27.06.1972	Studien- rätin	1948-1951	1	57
Anne Regine Niebuer	08.05.1930 11.07.1989	Lehrerin	1962-1970	2	32
Magdalena Reese	07.04.1903 08.07.1988	Fabrikantin	1962-1970	2	59
Ingeborg Schröder	30.11.1913	Hausfrau Pastorenfr.	1945-1947	$1^1/_4$	32

GB/BHE (3 bzw.2)

Frieda Grünke	11.07.1902 15.06.1967	Sozialref. in LvD	5/1950-51	$1/_2$	47
Frieda Jürgensen	24.05.1895 10.06.1976	Hausfrau	12/52-55	1	57

	Lebensdaten	Beruf	Wahlperiode(n)		Alter b. Eintritt
Margareta Weiß	23.06.1912 07.08.1990	Kinder- gärtnerin	1951-12/52 1955-1959 1966-2/1970	$2^1/_4$	39

FDP (1 bzw. 2)

	Lebensdaten	Beruf	Wahlperiode(n)		Alter b. Eintritt
Anita Ravn	25.05.1906 –		1959-1962	1	53

Margareta Weiß (ab 1958 FDP)

4.2. Weibliche Mitglieder der Neumünsteraner Ratsversammlung 1945 – 1966
(nach Legislaturperioden)

Ernannte Ratsversammlung (1945 – 1946)
(31 Mitglieder)
1) Anni Gloe   (SPD)
2) Dorothea Ingwersen   (CDU)
3) Marie Lohmann   (KPD, später SPD)
4) Emma Martens   (SPD)
5) Marie Schmelzkopf   (SPD)
6) Ingeborg Schröder   (CDU)

1. Wahlperiode (1946 – 1948)
(33 Mitglieder)
1) Hedwig Bücheler   (CDU)
2) Magdalena Brockstedt (CDU)   (ab 21.11.1947)
3) Dorothea Ingwersen   (CDU)
4) Marie Lohmann   (SPD)   (bis 2/1948)
5) Emma Martens   (SPD)
6) Marie Schmelzkopf   (SPD)
7) Ingeborg Schröder   (CDU)   (bis 21.11.1947)

2. Wahlperiode (1948 – 1951)
(34 Mitglieder)
1) Frieda Borgwardt   (SPD)   (bis 12.5.1950)
2) Hedwig Bücheler   (CDU)
3) Frieda Grünke   (GB/BHE)   (ab 12.5.1950)
4) Anni Lemke   (SPD)   (bis 12.5.1950)
5) Elisabeth Nasse   (CDU)   (ab 12.5.1950)

| 6) Marie Schmelzkopf | (SPD) | (bis 12.5.1950) |
| 7) Mia Schulz | (SPD) | (bis 12.5.1950) |

3. Wahlperiode (1951 – 1955)
(35 Mitglieder)

1) Hedwig Bücheler	(CDU)	
2) Frieda Jürgensen	(GB/BHE)	(ab 19.12.1952)
3) Lisa Schmid	(SPD)	
4) Margarete Weiß	(GB/BHE)	(bis 19.12.1952)

4. Wahlperiode (1955 – 1959)
(35 Mitglieder)

1) Hedwig Bücheler	(CDU)	
2) Alexandrine von dem Hagen		(CDU)
3) Lieselotte Juckel	(CDU)	(ab 9.2.1959)
4) Lisa Schmid	(SPD)	
5) Margarete Weiß	(GB/BHE; ab 1958 FDP)	
6) Hildegard Zimmermann	(SPD)	(ab 30.8.1955)

5. Wahlperiode (1959 – 1962)
(39 Mitglieder)

1) Hedwig Bücheler	(CDU)	
2) Alexandrine von dem Hagen		(CDU)
3) Anita Ravn	(FDP)	
4) Lisa Schmid	(SPD)	
5) Marie (Mia) Schulz	(SPD)	
6) Hildegard Zimmermann	(SPD)	

6. Wahlperiode (1962 – 1966)
(39 Mitglieder)

1) Alexandrine von dem Hagen		(CDU)
2) Lieselotte Juckel	(CDU)	(ab 3.9.1962)
3) Anne Regine Niebuer	(CDU)	
4) Magdalena Reese	(CDU)	
5) Lisa Schmid	(SPD)	
6) Marie (Mia) Schulz	(SPD)	
7) Hildegard Zimmermann	(SPD)	

Quellen- und Literaturangaben
zu den einzelnen Biographien

Bei Aufsatzsammlungen wird jeweils der Kurztitel angegeben; genaue bibliographische Angaben sind in der Literaturliste zu finden.

Beier, Marianne
Amtsblatt der Stadt Flensburg; Verwaltungsberichte der Stadt Flensburg; FlT v. 6.7.1946, 7.8.1946, 14.12.1946, 18.12. 1946, 24.12.1946, 2.2.1947, 23.10.1948 (Vorstellung der deutschen Kandidaten mit Lebenslauf und Foto); Flensborg Avis v. 11.9.1981 (Todesanzeige der Stadt); Flensborg Avis v. 14.9.1981 (Nachruf); Erika und Günther Börm, Die Jugendbewegung der Flensburger SPD in der Zeit der Weimarer Republik, in: 125 Jahre SPD in Flensburg, Flensburg 1993, S. 187-201; Edith Gerstenberg, Flensburger Sozialdemokraten während der NS-Diktatur 1933-1945, in: 125 Jahre SPD in Flensburg, S.204; Hans-Ulrich Jeromin/ Claus Olsen, Die Flensburger Sozialdemokratie zwischen 1954 und 1970 – Schlaglichter aus den 50er und 60er Jahren, in: 125 Jahre SPD in Flensburg, S. 244-266; Irene Dittrich, Heimatgeschichtlicher Wegweiser zu Stätten des Widerstandes und der Verfolgung 1933 – 1945, Band 7, Frankfurt/M 1993, S. 97.

Bendfeldt, Frieda
SHVZ v. 17.7.1954, 18.7.1964, 12.1. 1968; KN v. 17.7.1969, 4.1.1978, 18.7. 1974, 18.7.1979, 18.6.1983; Ausschußverzeichnis des Stadtarchivs Kiel; Inge Klatt, Not erfordert Hilfe – Die Arbeiterwohlfahrt, in: Wir sind das Bauvolk, Kiel 1985, S. 185ff.
Bildnachweis: KN-Archiv

Brandes, Ilse
KN v. 8.11.1947, 22.11.1947, 13.4.1950; StAHL, F4; SHVZ v. 12.4.1950, 15.4.1950; LFP v. 3.3.1950.
Bildnachweis: Pressestelle des Schleswig-Holsteinischen Landtages

Brauer, Gertrud
KN v. 22.11.1947, 4.4.1952; Ausschußverzeichnis des Stadtarchivs Kiel.

Brede, Dorothea
KN v. 29.10.1954 (Kieler Frauenporträts VII.); Ausschußverzeichnis des Stadtarchivs Kiel.
Bildnachweis: KN v. 29.10.1954

Brodersen, Anne
Gespräche mit ihrer Nichte, Frau Herzig, am 11.12.1990; mit Dolly Franke und Rosa Wallbaum am 23.1.1991; Hertha Wulff am 6.2.1991; Dr.Rosemarie Fleck am 13.2.1991; Brunhild Wendel am 21.2.1991; Helga Renger am 13.3.1991; Herrn Lepthien am 10.1.1991; Herrn Andresen am 5.12.1990; Herrn Schlünsen und Herrn Martens am 31.10.1990; Protokolle des LFR aus den Jahren 1950-1959; Ausschußverzeichnis des Stadtarchivs Kiel; KN und SHVZ (s. Text).
Bildnachweis: Stadtarchiv Kiel

Brodersen, Heinke
Amtsblatt der Stadt Flensburg; Verwaltungsberichte der Stadt Flensburg; FlT v. 23.10.1948 (Vorstellung der deutschen Kandidaten mit Lebenslauf u. Foto), 12.4.1956 (,,25 Jahre Bäckermeisterin"),

6.6.1988, 8.6.1988 (Nachruf der Stadt); Heinrich Rummel, Alex Eckener. Ein Malerleben zwischen Flensburg und Stuttgart, 2. Aufl. Flensburg 1974, S. 15, 21, 34; Ernst Schlee, Kunsthandwerk in Schleswig-Holstein. Katalog der Ausstellung v. 6.10. bis 17.11.1974 Schloß Gottorf, Schleswig 1974, S. 11; Claire Morré, Heinke Brodersen, 1907-1988, in: vrowen kvinder Frauen, Flensburg 1992, S. 134-135.
Bildnachweis: Privatbesitz I. Groß

Damm, Dorothea
SHVZ v. 5.10.1946 (Foto); Ausschußverzeichnis des Kieler Stadtarchivs; Irene Dittrich, Heimatgeschichtlicher Wegweiser zu Stätten des Widerstandes und der Verfolgung 1933 – 1945, Band 7, Frankfurt/M 1993, S. 17.

Decker, Juliane
Amtsblatt der Stadt Flensburg; Verwaltungsberichte der Stadt Flensburg; Wahlinformation des SSW/SPF zur Kommunalwahl 1951, StA Fl. XIII(61/K 1951; handgeschriebener Lebenslauf v. 26.11.1961, Akten aus dem Kreisverband der SPD, Kommunalwahlen 1962; Flensburger Presse v. 29.11.1962 („Juliane Decker 65 Jahre"); Maike Hanf, Die Frauenarbeit des Flensburger SPD-Ortsvereins – Ziele und Konzeptionen bis 1933, in: 125 Jahre SPD in Flensburg, Flensburg 1993, S. 182, 184; Claus Olsen, Die Flensburger Sozialdemokratie in den Jahren der Spaltung 1946-1954, in: 125 Jahre SPD in Flensburg, bes. S. 233.
Bildnachweis: Akten aus dem Kreisverband der SPD (s.o.).

Faupel, Emma
Gespräche mit ihrer Tochter, A.Giese, am 22.10.1990 und am 25.10.1992 mit

Tochter und Enkeltochter; LZ (s. Text).
Bildnachweis: Privatbesitz A. Giese

Franke, Dolly
Dolly Franke, Erinnerungen einer Sozialdemokratin, in: Wir sind das Bauvolk, Kiel 1985, S. 225-230; Hans-Ulrich Schilf, Zur Person Dorothea (Dolly) Frankes, in: Wir sind das Bauvolk, S. 231; Gespräch mit D. Franke am 23.1.1991; KN v. 7.6.1973, 7.6.1983, 7.6.1988; Kieler Express v. 8.6.1988; Ausschußverzeichnis des Stadtarchivs Kiel.
Bildnachweis: Privatbesitz H. Franke

Franzius, Hildegard
KN v. 23./24.4.1955, 2.11.1973, 27.6.1973, 23.1.1973, 22.1.1983; Ausschußverzeichnis des Stadtarchivs Kiel.
Bildnachweis: KN-Archiv

Grehm, Gerda
Gespräche mit der Tochter, Karin Brümmer, Itzehoe, am 21.6.1991; Dr.Hessenauer, Kiel, am 14.2.1991; Waltraut Klinkow, Kiel, am 24.1.1991; LAS 611, 2795 und 2796, LAS 605, 1092, Protokolle der Sitzungen des LFR. Maria Zachow-Ortmann, Frauen organisieren sich, in: „Alle Mann an Deck!" – „Und die Frauen in die Kombüse?", Kiel 1993, S.179ff.
Bildnachweis: KN-Archiv

Hackhe-Döbel, Frieda
Redemanuskripte aus dem Nachlaß von F.H.-D., freundlicherweise zur Verfügung gestellt vom Sohn, Ulrich Hackhe, Berlin; Brief desselben v.21.2.1991; Gespräche mit Frau Schönherr am 13.2.1991; mit Hertha Wulff am 6.2.1991, mit Dolly Franke und Rosa Wallbaum am 23.1.1991; Ausschußver-

zeichnis des Stadtarchivs Kiel, SHVZ v. 16.4.1947.
Bildnachweis: Pressestelle des Schleswig-Holsteinischen Landtages

Hannöver, Emmi
FlT v. 28.6.1951; SHVZ v. 14.7.1951; KN v. 2.10.1958, 3.10.1958, 6.10.1958, 9.10.1958, 10.10.1958, 16.10.1958, 22.10.1958; Heimatzeitung v. 6.10.1958, 27.2.1965; FlT v. 28.6.1951, 20.12.1958; Zeitungsartikel o.A. vom 27.1.1960 und 10.10.1959; Rückfragen bei: Dr. Wolfgang Weimar, Flensburg; OSt-Dir.Schwensen, Niebüll; Gerhard Jannsen, Niebüll; Frau Freiesleben, Niebüll; Gespräch mit OStDir.Susanne Gersdorf, Glücksburg, am 13.8.1991; G.Bremme, Die politische Rolle der Frau in Deutschland. Eine Untersuchung über den Einfluß der Frauen bei Wahlen und ihre Teilnahme in Partei und Parlament, Göttingen 1956, S.143, Anm. 22: ,,Die Partei der Frauen ging aus einem Zusammenschluß der 1951 in Flensburg gegründeten ‚Allgemeinen Frauenpartei' und eines Teile der ungefähr gleichzeitig gegründeten Deutschen Frauenpartei' (Düsseldorf) hervor, während eine Restgruppe der Letztgenannten unter der Begründerin als ‚Unabhängige Frauenpartei' bestehen blieb." S. 143, Anm. 22. Leider haben wir bisher weder das Programm noch Teilnehmerinnen der Veranstaltung ausfindig machen können.
Bildnachweis: Privatbesitz H. Wendeln

Hansen, Lisa
KN v. 8.4.1972, 9.3.1976; SHVZ v. 10.4.1967; Nord-Woche v. 3.9.1971; Kielische Nachrichten April 1972; Ausschußverzeichnis des Stadtarchivs Kiel; Irene Dittrich, Heimatgeschichtlicher

Wegweiser zu Stätten des Widerstandes und der Verfolgung 1933 – 1945, Band 7,Frankfurt/M 1993, S. 14.
Bildnachweis: KN-Archiv

Hinz, Ida
SHVZ 28.12.1954, 28.12.1964; KN v. 6.11.1961, 9.5.1965, 27.12.1969, 22.5.1970, 20.4.1974, 3.5.1974, 27.12.1974, 30.12.1974, 28.12.1979, 28.12.1984, 29.12.1984, 28.5.1986, 29.5.1986, 30.5.1986, 31.5.1986, 29.12.1986; Nordwoche v. 19.12.1969; Kieler Express v. 27.12.1984, 3.12.1985, 29.5.1986; Hans-Ulrich Schilf, Der Aufbau der Kieler SPD 1945-1949, in: Wir sind das Bauvolk, Kiel 1985, S. 68f.
Bildnachweis: Stadtarchiv Kiel

Jensen, Elisbeth
Interview mit der Tochter, Frau Dierks, und Schwiegersohn, Schleswig, am 19.2.1991. – Archiv des Schleswig-Holsteinischen Landtages, Personelles der MdL, 1. u. 2. LT, 1, Telegramm von CDU/SPD Schleswig gegen die Mitgliedschaft von E. Jensen und Th. Bannier.
Bildnachweis: Pressestelle des Schleswig-Holsteinischen Landtages

Jensen, Thomasine
Martin Schwab, Toni Jensen, eine Kieler Bildungspolitikerin 1891-1970, in: Mitteilungen der Gesellschaft für Kieler Stadtgeschichte, Bd. 77, H.2 (1993), S. 41-63; Christl Wickert, Unsere Erwählten, Bd.2, S.164; Inge Klatt, Not erfordert Hilfe – Die Arbeiterwohlfahrt, in: Wir sind das Bauvolk, Kiel 1985, S.186; Lebensläufe und Nachrufe aus dem Stadtarchiv Kiel; Ausschußverzeichnis des Stadtarchivs Kiel; Kabinettsprotokolle LAS 605 Nr.3 v. 4.4.1949, 15.5.1949,

16.5.1949; Die Zeit v. 29.9.1955; KN v. 23.9.1954, 27.9.1956, 24.9.1966, 22.10.1970; SHVZ v. 1.7.1955, 25.9. 1956, 10.11.1965, 24.9.1966.
Bildnachweis: Stadtarchiv Kiel

Jung, Hedwig
NE v. 25.9.1946 (Foto); Ausschußverzeichnis des Stadtarchivs Kiel; Informationen von Anni Wadle, Neumünster

Jung, Magda
Ausschußverzeichnis des Stadtarchivs Kiel; Inge Klatt, Not erfordert Hilfe – Die Arbeiterwohlfahrt, in: Wir sind das Bauvolk, Kiel 1985, S. 185ff.

Kilkowski, Erna
Vita des Schleswig-Holsteinischen Landtages, KN v. 8.9.1949, 7.11.1969, 27.1.1970, 30.1.1971, 29.5.1973, 6.10.1977, Gespräche mit ZeitgenossInnen, tel. Auskünfte der Tochter Ursula Meyer-Farge, Bremen, sowie zahlreiche Zeitungsartikel o.A. aus dem Nachlaß von E.K., freundlicherweise zur Verfügung gestellt von Tochter.
Bildnachweis: Privatbesitz U. Meyer-Farge

Klann, Maria
Gespräch mit Maria Klann am 28.2.1991; Informationen von Anni Wadle, Neumünster; LN v. 17.8.1946, 2.2.1950, 26.2.1950, 20.6.1950, 15.1.1994, 18.5.1994; LFP v. 20.6.1950; NE v. 4./5.2.1950, 9.3.1950, 19.3.1950; Detlev Siegfried, Zwischen Einheitspartei und „Bruderkampf". SPD und KPD in Schleswig-Holstein 1945/46, Kiel 1992, S. 162, Anm. 41, S. 473 (Kurzbiographie Erich Klann); Anm. 53, S. 475 (Kurzbiographie Maria Klann); Elke Imberger, Widerstand „von unten". Widerstand

und Dissens aus den Reihen der Arbeiterbewegung und der Zeugen Jehovas in Lübeck und Schleswig-Holstein 1933-1945, Neumünster 1991, S. 191ff.; Maria Zachow-Ortmann, Frauen organisieren sich, in: „Alle Mann an Deck!" – „Und die Frauen in die Kombüse?", Kiel 1993, S. 151f.
Bildnachweis: LN-Archiv/ W. Maxwitat

Klinkow, Waltraut
Gespräche mit Waltraut Klinkow am 24.1.1991 und am 23.3.1992.
Bildnachweis: Privatbesitz W. Klinkow

Klinsmann, Luise
S.Jebens-Ibs, Luise Klinsmann, in: Lübecker Lebensläufe aus neun Jahrhunderten, hrsg. v. A. Bruns, Neumünster 1993, S. 205-208; Gespräch mit Herrn Düring am 27.2.1991; Vita des Landtages; Lebenslauf im StAHL; LFP v. 12.10.1946, 16.2.1950, 7.3.1950, 16.5.1950; KN v. 30.9.1961, 5.10.1961, 23.8.1963, 10.6.1964, 17.6.1964; LN v. 25.2.1950, 7.3.1950, 3.4.1950, 29.4.1950, 30.4.1950, 27.10.1961, 10.6.1964, 9.10.1961, 27.10.1961, 28.10.1961; 25.7.1984; Wortprotokolle des Schleswig-Holsteinischen Landtages, 8. Sitzung (2.-4.2.1948), S. 186-188, 9. Sitzung (4./5.3.1948), S. 29f., 28. Sitzung (12./13.12.1948), S. 53f. – StAHL: Kultusverwaltung II.7. und 41.02.70; Personalakte; Nachrufe v. W. Neugebauer, in: ZLGA 44 (1964), S. 157, u. v. K.K. Rohbra, in: LBl 1964, Nr. 12; A. Graßmann, Vorbemerkung, in: L.K., Die Industrialisierung Lübecks, Lübeck 1984 (Veröff. z. Gesch. d. Hansestadt Lübeck R.B Bd. 10).
Bildnachweis: Pressestelle des Schleswig-Holsteinischen Landtages

Korn, Greta
Amtsblatt der Stadt Flensburg; Verwaltungsberichte der Stadt Flensburg; Wahlinformation der WDF 1955 (Lebenslauf); FIT v. 10.4.1989, 12.4.1989 (Todesanzeigen); Ingrid Groß, Greta Korn, geb. Erichsen, 1899-1989, in: vrowen kvinder Frauen, Flensburg 1992, S. 112-114.
Bildnachweis: Privatbesitz I. Groß

Krahnstöver, Anni
Vita des Schleswig-Holsteinischen Landtages; Handbuch für Schleswig-Holstein 1950/51, Neuer Vorwärts v.25.12.1948, Soz. Pressedienst v. Juli 1949, Vorwärts v. 25.3.1949, VZ v. 29.7.1961, Vorwärts v. 2.8.1961; Nachruf von Herta Gotthelf, von A.K. ausgefüllte Fragebogen aus dem Archiv der Friedrich-Ebert-Stiftung.
Bildnachweis: Parlamentsarchiv des Deutschen Bundestages

Kremer, Irmgard
Gespräch mit Irmgard Kremer am 23.9.1994; Ausschußverzeichnis des Stadtarchivs Kiel.
Bildnachweis: KN-Archiv

Kühl, Käthe
Ausschußverzeichnis des Stadtarchivs Kiel; Auszug des Melderegisters von Schierstein/Wiesbaden, Bad Sachsa und Dießen.

Linden, Elly
Abgeordneten-Datei des Schleswig-Holsteinischen Landtages; Amtsblatt für Schleswig-Holstein; Fragebogen der SPD über die Personalien der zur Landtagswahl 1950 vorgeschlagenen Kandidaten; Gespräch mit Frau v. Richter, der Freundin und Pflegerin, am 5.2.1991;

LFP v. 1.7.1950, LN v. 24.4.1965, 9.12.1965; 25.1.1987; SHVZ v. 26.8.1954; KN v. 24.4.1965, 9.12.1965, 29.1.1987.
Bildnachweis: Privatbesitz Frau v. Richter

Lorenz, Marie
Amtsblatt der Stadt Flensburg; Verwaltungsberichte der Stadt Flensburg; Flensborg Avis v. 24.12.1979, 21.12.1981, 17.12.1986, 19.12.1991.
Bildnachweis: Flensborg Avis-Archiv

Lüthje, Emmy
Gespräche mit Inge Alwes, Kiel, am 22.1.1991; Telse Kuntsche, Kiel, am 15.7.1991; Herrn Manz, 10.12.1990, Dr.Rohloff, Schwarzenbek, am 23.3.1991; Archiv des Schleswig-Holsteinischen Landtages, 1.WP 1947/ Mitglieder der Landtage – allgemein, 70-77, 81, 84, 9 v. 4; KN v. 5.7.1950, 9.8.1966, 11.8.1966.
Bildnachweis: KN-Archiv

Möller, Dora
Gespräch mit ihrem Sohn, Knut Möller und den Vertreterinnen der Lübecker SPD, Frau Gröpel und Frau Lücke-Walter, Lübeck, am 5.3.1991.
Bildnachweis: Privatbesitz: K. Möller

Neumann, Lissie
Amtsblatt der Stadt Flensburg; Verwaltungsberichte der Stadt Flensburg; Informationen von Grete Neumann am 7.3.1992, Kurt Neumann, Helmut Fischer am 19.10.1992, Nis Nissen am 3.2.1992 (die Gespräche führte Dr. Maike Hanf, Flensburg); Maike Hanf, Die Frauenarbeit des Flensburger SPD-Ortsvereins – Ziele und Konzeptionen bis 1933, in: 125 Jahre SPD in Flensburg,

Flensburg 1993, S. 182-183; Claus Olsen, Die Flensburger Sozialdemokratie in den Jahren der Spaltung 1946-1954, in: 125 Jahre SPD in Flensburg, bes. S. 223-243; Irene Dittrich, Heimatgeschichtlicher Wegweiser zu Stätten des Widerstandes und der Verfolgung 1933 – 1945, Band 7, Frankfurt/M 1993, S. 97.
Bildnachweis: Privatbesitz K. Neumann

Niendorf, Frida
Gespräch mit Frida Niendorf am 27.2.1991; Protokolle des LFR.
Bildnachweis: Privatbesitz F. Niendorf

Nielsen, Agnes
Informationen von Anni Wadle, Neumünster; Vita des Schleswig-Holsteinischen Landtages; Schreiben des Oberpräsidenten an das Headquarter v. 20.3.1946, Archiv des Landtages, 1. u. 2. Landtag, Personelles der MdL, Personal des Sekretariats, Stenographen; NE v. 21.8.1946, 7.9.1946, 17.9.1947; Klaus Byner, Der Wiederaufbau der Gewerkschaften 1945-1947, in: Wir sind das Bauvolk, Kiel 1985, S. 105, 108; Detlef Siegfried, Zwischen Einheitspartei und „Bruderkampf". SPD und KPD in Schleswig-Holstein 1945/6, Kiel 1992, S. 113, 121, 135, 154, 459; Irene Dittrich, Heimatgeschichtlicher Wegweiser zu Stätten des Widerstandes und der Verfolgung 1933 – 1945, Band 7, Frankfurt/M. 1993, S.22, 23, 27.

Ohnesorge, Lena
S. Jebens-Ibs, Lena Ohnesorge, in: Biographisches Lexikon für Schleswig-Holstein und Lübeck, Bd. 10 (in Vorber.) (dort weitere Hinweise auf Schriften L.O.s); Informationen von Frau Gerta Uhlig-Ohnesorge; Vita des Schleswig-Holsteinischen Landtages; Mitteilungen der Pressestelle der Landesregierung Schleswig-Holstein Nr. 414/57 v. 22.10.1957 und Nr. 217/63 v. 15.7.1963; Munzinger-Archiv 6.7.1968; Schreiben Lena Ohnesorges an Innenminister Titzck v. 31.7.1981; Die Zeit v. 4.10.1951; StAHL F4 u; KN v. 23.10.1957, 17.7.1958, 16.7.1963, 17.7.1963, 11.11.1964, 8.10.1965, 26.2.1966, 2.3.1966, 9.3.1966, 25.10.1966, 27.10.1966, 15.2.1967, 23.3.1967, 18.5.1968, 17.7.1968, 21.9.1968, 3.8.1969, 17.7.1973, 1.7.1974, 17.7.1978, 14.7.1983, 16.7.1983, 18.7.1983, 15.8.1987, 18.8.1987; LN v. 22.10.1957, 21.9.1958, 13.5.1962, 27.2.1966, 16.7.1978, 18.7.1978, 27.10.1979, 16.8.1983, 15.8.1987; SHVZ v. 17.7.1958, 17.7.1963; Der Nordspiegel v. 15.9.1966; Erich Maletzke in Schleswig-Holsteinische Landeszeitung in 22.2.1975; Pressedienst der DP/ Schleswig-Holstein-Block v. 22.10.1957 (KN-Archiv); Interpress Nr. 210 v. 30.10.1957 (KN-Archiv).
Bildnachweis: KN-Archiv

Portofée, Hilde
KN v. 21.8.1964, 19.9.1972, 9.9.1976, 7.1.1988, 9.1.1988; SHVZ v. 21.8.1964; Ausschußverzeichnis des Stadtarchivs Kiel.
Bildnachweis: KN-Archiv

Pott, Doris
Gespräch mit Doris Pott am 14.2.91.
Bildnachweis: Privatbesitz D. Pott

Roestel, Ruth
Brief von Ruth Roestel v. 26.9.1994; Ausschußverzeichnis des Stadtarchivs Kiel.

Schmelzkopf, Marie
Gespräch mit Tochter und Schwiegersohn, Frau und Herrn Wolter, Neumünster, am 15.1.91; Archiv der Stadt Neumünster; Helmut Müller, 100 Jahre Allgemeine Ortskrankenkasse Neumünster. Ein Stück Stadtgeschichte. 1884-1984, Neumünster, 1984; Irene Dittrich, Heimatgeschichtlicher Wegweiser zu Stätten des Widerstandes und der Verfolgung 1933 – 1945, Band 7, Frankfurt/M 1993, S.18.
Bildnachweis: Privatbesitz R. Tidt

Schröder, Lena
KN v. 30.4.1955, 8.7.1969, 28.12.1972; Ausschußverzeichnis des Stadtarchivs Kiel
Bildnachweis: Stadtarchiv Kiel

Schubert, Lotte
Amtsblatt der Stadt Flensburg; Verwaltungsberichte der Stadt Flensburg; Sprogforeningens Almanak 1986, S. 128/129 (Nachruf auf Lars Schubert), und 1988, S. 137/138 (Nachruf auf Lotte Schubert); Graensen 35. Jg./H. 1 (1973), S. 23
Bildnachweis: Dansk Centralbibliotek Flensburg

Schulze, Bertha
Gespräch mit der Schwiegertochter, Frau Schulze, Kiel, am 21.9.1994; Informationen von Anni Wadle, Neumünster; Vita des Schleswig-Holsteinischen Landtages; Ausschußprotokolle der Kieler Ratsversammlung; S. Jebens-Ibs, Frauen der schleswig-holsteinischen Politik, in: ,,Alle Mann an Deck!" – ,,Und die Frauen in die Kombüse?", Kiel 1993, S.65f, S. 42; Irene Dittrich, Heimatgeschichtlicher Wegweiser zu Stätten des Widerstandes und der Verfolgung 1933 – 1945,

Band 7, Frankfurt/M 1993, S. 24; Deutscher Frauenring e.V. 1947-1987. 40 Jahre Ortsring, Kiel o.J. (1987), S.42.
Bildnachweis: Pressestelle des Schleswig-Holsteinischen Landtages

Sommer, Ingeborg
Gespräche mit Ingeborg Sommer am 5.3.1991 und am 24.6.1991 in Lübeck; Protokolle des LFR.
Bildnachweis: Privatbesitz I. Sommer

Stolze, Anni
SHVZ v. 31.7.1950; Ausschußverzeichnis des Stadtarchivs Kiel.

Uldall, Gertrud
Amtsblatt der Stadt Flensburg; Verwaltungsberichte der Stadt Flensburg; Wahlkampfbroschüre des SSW/SPF 1951 (Lebenslauf mit Foto); Wahlkampfbroschüre des SSW 1959/StAFl XIII/61/K 1959; Schleswig-Holsteinische Heimatzeitung v. 6.3.1962 (Vorstellung der SSW-Kandidatinnen).
Bildnachweis: Wahlkampfbroschüre des SSW 1959

Ungermann, Berta
Handgeschriebener Lebenslauf von 1946 im Stadtarchiv Kiel; Ausschußverzeichnis des Stadtarchivs Kiel.
Bildnachweis: Stadtarchiv Kiel

Völcker, Gertrud
KN v. 27.10.1971, 1.5.1979; SHVZ v. 27.10.1956, 27.10.1961; Ausschußverzeichnis des Stadtarchivs Kiel; 30 Jahre Landesfrauenrat Schleswig-Holstein, Kiel 1980; Brigitte Schubert-Riese, Lotte Hegewisch, Lilli Martius, Gertrud Völcker. Drei Frauenbilder aus der Kieler Stadtgeschichte, in: Mitteilungen der Gesellschaft für Kieler Stadtgeschichte, Bd. 73, H.1/2 (1987), 14-17; Irene

Dittrich, Heimatgeschichtlicher Wegweiser zu Stätten des Widerstandes und der Verfolgung 1933 – 1945, Band 7, Frankfurt/M 1993, S. 18.
Bildnachweis: Stadtarchiv Kiel

Vormeyer, Elisabeth
Gespräch mit Frau Hielscher am 21.2.1991 und Frau Schulte-Umberg am 16.8.1991; KN v. 31.12.1954, 28.9.1963, 24.9.1983, 28.9.1983, 13.12.1984, 8.6.1985; SHVZ v. 28.9.1963.
Bildnachweis: KN-Archiv

Wallbaum, Rosa
Gespräch mit Rosa Wallbaum am 23.1.1991; SHVZ v. 6.12.1963, 13.5.1965; KN v. 13.5.1975, 12.5.1990; Ausschußverzeichnis des Stadtarchivs Kiel.
Bildnachweis: KN-Archiv

Weiß, Margarete (Margareta)
Interview von Klaus Albert mit Margarete Weiß, maschinengeschriebene Niederschrift o.D., aus dem auch alle wörtlichen Zitate entnommen wurden; Vita des schleswig-holsteinischen Landtages; KN-Archiv; Telefonat mit dem Sohn, Peter Weiß, Tarp; LAS, Abt. 601 (Ausschußprotokolle).
Bildnachweis: Privatbesitz P. Weiß

Werner, Charlotte
Gespräch mit Frau Werner am 11.12.1990.
Bildnachweis: Privatbesitz Ch. Werner

Wirthel, Berta
Gespräch mit der Tochter, Elfriede Gleich, am 5.2.1991;
Unterlagen aus dem Nachlaß von B.W., freundlicherweise zur Verfügung gestellt von Frau Gleich, darunter viele undatierte Presseartikel; Gespräche mit Herrn

Schlie, Lübeck, am 5.3.1991; Herrn Schlünsen und Herrn Martens 31.10.1990; LN v. 13.1.1960, 19.4.1964, 13.1.1970, 13./14.4.1979, 12.4.1979, 6.3.1990; Rede der Frauenministerin am 4.3.1990.
Bildnachweis: Privatbesitz Frau Gleich

Literatur

Börm, Erika u. Günther, Die Jugendbewegung der Flensburger SPD in der Zeit der Weimarer Republik, in: 125 Jahre SPD in Flensburg, Flensburg 1993, S. 187ff.

Bremme, Gabriele, Die politische Rolle der Frau in Deutschland. Eine Untersuchung über den Einfluß der Frauen bei Wahlen und ihre Teilnahme in Partei und Parlament, Göttingen 1956

Byner, Klaus, Der Wiederaufbau der Gewerkschaften 1945-1947, in: Wir sind das Bauvolk, Kiel 1985, S. 101ff.

Deutscher Frauenring e.V. 1947-1987. 40 Jahre Ortsring Kiel; Kiel o.J. (1987)

Dittrich, Irene, Heimatgeschichtlicher Wegweiser zu Stätten des Widerstandes und der Verfolgung 1933 – 1945. Band 7: Schleswig-Holstein I, Nördlicher Landesteil, hrsg. v. Studienkreis Deutscher Widerstand, Frankfurt/M 1993

Franke, Dolly, Erinnerungen einer Sozialdemokratin, in: Wir sind das Bauvolk, Kiel 1985, S. 225ff.

Gerstenberg, Edith, Flensburger Sozialdemokraten während der NS-Diktatur 1933-1945, in: 125 Jahre SPD in Flensburg, Flensburg 1993, S. 202ff.

Hanf, Maike, Die Frauenarbeit des Flensburger SPD-Ortsvereins – Ziele und Konzeptionen bis 1933, in: 125 Jahre SPD in Flensburg, Flensburg 1993, S. 165ff.

Herrmann, Thomas/Jebens-Ibs, Sabine/ Schmatzler, Uta Cornelia/ Zachow-Ortmann, Maria, ,,Alle Mann an Deck!" – ,,Und die Frauen in die Kombüse?" Frau-

en in der schleswig-holsteinischen Politik 1945-1958, Kiel 1993

125 Jahre SPD in Flensburg 1868-1993, hrsg. v. der Gesellschaft für Flensburger Stadtgeschichte, Flensburg 1993 (Kleine Reihe der Gesellschaft für Flensburger Stadtgeschichte Heft 24)

Imberger, Elke, Widerstand ,,von unten". Widerstand und Dissens aus den Reihen der Arbeiterbewegung und der Zeugen Jehovas in Lübeck und Schleswig-Holstein 1933-1945, Neumünster 1991

Jeromin, Hans-Ulrich/ Olsen, Claus, Die Flensburger Sozialdemokratie zwischen 1954 und 1970 – Schlaglichter aus den 50er und 60er Jahren, in: 125 Jahre SPD in Flensburg, Flensburg 1993, S. 244ff.

Klatt, Inge, Not erfordert Hilfe – Die Arbeiterwohlfahrt, in: Wir sind das Bauvolk, Kiel 1985, S. 185ff.

Lubowitz, Frank, Kiel kämpft um seine Lebensgrundlagen. Wiederaufbau und Demontage als zentrale Themen der kommunalen Selbstverwaltung, in: Wir sind das Bauvolk, Kiel 1985, S. 73ff.

Müller, Helmut, 100 Jahre Allgemeine Ortskrankenkasse Neumünster. Ein Stück Stadtgeschichte. 1884-1984, Neumünster 1984

Olsen,Claus, Die Flensburger Sozialdemokratie in den Jahren der Spaltung 1946-1954, in: 125 Jahre SPD in Flensburg, Flensburg 1993, S. 223ff.

Schilf, Hans-Ulrich, Der Aufbau der Kieler SPD 1945-1949, in: Wir sind das Bauvolk, Kiel 1985, S. 37ff.

Schilf, Hans-Ulrich, Zur Person Dorothea (Dolly) Frankes, in: Wir sind das Bauvolk, Kiel 1985, S. 231

Schubert-Riese, Brigitte, Lotte Hegewisch, Lilli Martius, Gertrud Völcker. Drei Frauenbilder aus der Kieler Stadtgeschichte, in: Mitteilungen der Gesellschaft für Kieler Stadtgeschichte, Bd. 73, H. 1/2 (1987), S.

Schwab, Martin, Toni Jensen, eine Kieler Bildungspolitikerin 1891-1970, in: Mitteilungen der Gesellschaft für Kieler Stadtgeschichte, Bd. 77, H.2 (1993), S. 41-63

Siegfried, Detlev, Zwischen Einheitspartei und „Bruderkampf". SPD und KPD in Schleswig-Holstein 1945/6, Kiel 1992

vrowen kvinder Frauen. Lebensläufe bemerkenswerter Flensburger Frauen, Flensburg 1992 (Kleine Reihe der Gesellschaft für Flensburger Stadtgeschichte Heft 23)

Wickert, Christl, Unsere Erwählten. Sozialdemokratische Frauen im Deutschen Reichstag und im Preußischen Landtag 1919 bis 1933, 2 Bde, Göttingen 1986

Wir sind das Bauvolk, Kiel 1945 bis 1950, hrsg. v. Arbeitskreis „Demokratische Geschichte", Kiel 1985

Abkürzungsverzeichnis

AWO	Arbeiterwohlfahrt
CDU	Christlich-Demokratische Union
DFR	Deutscher Frauenring
DP	Deutsche Partei
DRK	Deutsches Rotes Kreuz
DRP	Deutsche Rechtspartei
FlT	Flensburger Tageblatt
GB/BHE	Gesamtdeutscher Block/Bund der Heimatvertriebenen und Entrechteten
K.Bl.	Kieler Block
KJVD	Kommunistischer Jugendverband Deutschlands
KN	Kieler Nachrichten
LAS	Landesarchiv Schleswig
LBl	Lübecker Blätter
LFR	Landesfrauenrat
LFP	Lübecker Freie Presse
LN	Lübecker Nachrichten
LZ	Landeszeitung
MELF	Ministerium für Ernährung, Landwirtschaft und Forsten
mzo	Maria Zachow-Ortmann
NE	Norddeutsche Echo
SHVZ	Schleswig-Holsteinische Volkszeitung
sji	Sabine Jebens-Ibs
SPD	Sozialdemokratische Partei Deutschlands
SSV	Südschleswigscher Verein
SSW	Südschleswigscher Wählerverein
StAFl	Stadtarchiv Flensburg
StAHL	Stadtarchiv der Hansestadt Lübeck
VVN	Vereinigung der Verfolgten des Naziregimes
VZ	Volkszeitung
WDF	Wählergemeinschaft Deutsches Flensburg
WP	Wahlperiode
ZLGA	Zeitschrift für Lübeckische Geschichte und Altertumskunde

Verzeichnis der Autorinnen

Jebens-Ibs, Sabine, geb. 1955 in Averlak (Dithmarschen), Studienrätin in Lübeck

Zachow-Ortmann, Maria, geb. 1950 in Güstrow/Mecklenburg. Dipl.Pol.